Das Mietrecht im Überblick

Vom Mietantritt bis zur Kündigung: Alles über den Mietvertrag, Mietzinserhöhungen, Renovationen und Nebenkosten

Die Autorinnen und Autoren

Matthias Brunner, Ruth Dönni, Peter Nideröst, Carmen Wettstein, Rechtsanwältinnen und Rechtsanwälte mit eigener Kanzlei in Zürich

© Konsumenteninfo AG, Zürich
Alle Rechte vorbehalten
5. aktualisierte Auflage, Mai 2018

Produktion: Liss von Euw, Julia Wyss
Layout: Beat Fessler, Silvio Lötscher
Korrektur: Esther Mattille
Titelfoto: iStock

Bestelladresse:
Saldo-Ratgeber
Postfach
8024 Zürich
ratgeber@saldo.ch
www.saldo.ch
ISBN: 978-3-907955-63-5

Vorwort

Auf der Seite der Schwächeren

Fast 70 Prozent aller, die in der Schweiz leben, wohnen zur Miete. Kein Wunder, dass die Vermieter interessiert sind, das rechtlich zulässige Mass auszuschöpfen; kein Wunder auch, dass sie nicht selten darüber hinausgehen. Schon minimale Aufschläge oder sonstige Vertragsänderungen schlagen auf den Konten der Vermieter kräftig zu Buche – während die einzelne Mietpartei die paar Franken meist problemlos verkraften kann.

Deshalb schlucken viele Mieter kleine Aufschläge ohne Murren – ob sie berechtigt sind oder nicht. Oft tun dies die Mieter aus Angst vor der Kündigung oder weil sie schlicht nicht streiten mögen. Schliesslich ist die Wohnung für die meisten der Mittelpunkt des Lebens. Da will man in erster Linie sorglos und in Ruhe wohnen können.

Während für die meisten Vermieter und Verwaltungen das Vermieten letztlich nur ein Geschäft ist, geht es bei den Mietern um viel mehr: Eine massive Mietzinserhöhung kann das Haushaltsbudget aus dem Lot bringen; eine Kündigung ist häufig ein existenzielles Problem.

Diesen verschieden gelagerten Interessen muss das Gesetz Rechnung tragen – und die Schwächeren schützen, also die Mieter. Das Obligationenrecht (OR, Artikel 253–273c) mit der dazugehörigen Verordnung über die Miete und die Pacht von Wohn- und Geschäftsräumen enthält all jene Regeln, nach denen sich Vermieter – und Mieter – zu richten haben. Die meisten sind «zwingender Natur»: Sie gelten also selbst dann, wenn mit dem Vermieter im Vertrag etwas anderes abgemacht wurde.

Die Vermieter informieren sich im Allgemeinen besser über ihre rechtlichen Möglichkeiten als die Mieter. Dieser Saldo-Ratgeber soll das Defizit ein wenig korrigieren. Wenn Sie als Mieterin oder Mieter darin Antworten auf Ihre Fragen finden, ist dies ein erster Schritt. Sie haben es dann in der Hand, weitere Schritte zu unternehmen und sich gegen missbräuchliche Verhältnisse zu wehren. Das heisst noch lange nicht, dass Sie in eine Streitsache verwickelt werden. In den allermeisten Fällen findet sich nämlich eine gütliche Einigung.

Inhalt

1 Mietvertrag und Mietbeginn
- 9 Wer ist eigentlich Mietpartei?
- 10 Die Dauer der Miete
- 11 Der Anfangsmietzins
- 12 Den Anfangsmietzins anfechten
- 13 Säumige Zahler riskieren die Kündigung
- 13 Was tun bei finanziellem Engpass?
- 14 Das Mietzinsdepot
- 15 Soll man Vorhänge oder Teppiche übernehmen?
- 16 Die Übernahme des Mietobjekts
- 18 Und wenn die Wohnung nicht bereit ist?

2 Wohngemeinschaft, Konkubinat, Untermiete
- 20 Wer ist bei einer Familienwohnung der Mieter?
- 20 Konkubinatspaare und Wohngemeinschaften
- 21 Untermiete und ihre Regeln
- 22 Zwischen Mieter und Untermieter besteht ein normaler Mietvertrag
- 23 Was Untermieter und Mieter wissen müssen
- 24 Die Regeln des gemeinschaftlichen Mietvertrags
- 26 Untermiete oder gemeinschaftlicher Mietvertrag?
- 26 Das Recht auf Besuch

3 Nebenkosten
- 29 Was gehört zu den Heizkosten?
- 30 Kontrolle der Heiz- und Nebenkostenabrechnung
- 31 Die Tücken der Heiz- und Nebenkostenabrechnung
- 33 Unzufrieden mit der Nebenkostenabrechnung?
- 35 Rückforderung zu viel bezahlter Nebenkosten
- 36 Kann der Vermieter die Nebenkosten ändern?

4 Die Mietzinserhöhung
- 39 Die Mietzinserhöhung
- 42 Mitteilungsformular für Mietzinsänderungen
- 43 Die Folgen beim Auf und Ab des Referenzzinssatzes: Drei Beispiele
- 45 Wann ist eine Mietzinserhöhung missbräuchlich?
- 46 Mietzinserhöhung wegen gestiegener Unterhaltskosten und Abgaben
- 46 Mietzinserhöhung aufgrund der Teuerung
- 47 Mietzinserhöhung aufgrund des Referenzzinssatzes
- 49 Keine Mietzinserhöhung, weil der Mietzins schon missbräuchlich war
- 50 Der Mietzinsvorbehalt
- 51 Dies muss man über Vorbehalte wissen
- 52 Mietzinserhöhung nach Hausverkauf
- 53 Anpassung an die orts- und quartierüblichen Mietzinse
- 54 Indexklausel und Staffelmiete
- 55 Was passiert bei wertvermehrenden Investitionen?

5 Die Mietzinssenkung
- 58 Wenn der Referenzzinssatz sinkt: Die Auswirkung auf den Mietzins
- 59 Wie errechnet man die Mietzinssenkung?
- 60 Was kann der Vermieter einer Senkungsforderung entgegenhalten?
- 61 Eine Mietzinsreduktion verlangen: So wirds gemacht
- 63 Wenn der Anspruch auf Mietzinssenkung nicht geltend gemacht wird
- 63 Kann man den Anfangsmietzins anfechten?
- 64 Das Anfechtungsverfahren
- 65 Die Risiken einer Anfechtung

6 Mängel und Reparaturen
- 66 Kleine Mängel sind Sache des Mieters
- 67 Zahlen muss, wer etwas verschuldet hat
- 68 Grössere Mängel sind Sache des Vermieters
- 69 Das Recht auf Mietzinsherabsetzung
- 71 Das Recht auf Hinterlegung des Mietzinses
- 73 Das Recht auf fristlose Kündigung
- 73 Das Recht auf Selbsthilfe – mit Vorsicht zu geniessen
- 74 Lärm: Rechte und Pflichten

7 Renovation und Umbau
- 76 Muss man die Renovation überhaupt in Kauf nehmen?
- 77 Der Vermieter hat auf seine Mieter Rücksicht zu nehmen
- 78 Wenn der Mieter umbauen will
- 78 Tipp: So können Sie den Umbau beeinflussen
- 79 Bei Umbauwünschen die schriftliche Zustimmung des Vermieters einholen
- 79 Wie bemisst sich die Entschädigung für eine Investition?

8 Kündigung durch den Mieter
- 82 Fristen und Termine
- 83 Die Kündigung von Familienwohnungen
- 83 Die Kündigung bei gemeinschaftlicher Miete
- 85 Die ausserterminliche Kündigung
- 86 Was ist ein «zumutbarer» Ersatzmieter?
- 87 Der Vermieter darf die Ersatzmieter nicht vergraulen
- 89 Wenn Sie keine Ersatzmieter finden
- 88 Ortsübliche Kündigungstermine
- 89 Andere ausserordentliche Kündigungen

9 Kündigung durch den Vermieter
- 90 Wann ist eine Kündigung gültig?
- 91 Erfolgte die Kündigung fristgerecht?
- 92 Wann ist eine Kündigung missbräuchlich?

94	Die Erstreckung des Mietverhältnisses
95	Härtegründe für eine Erstreckung des Mietverhältnisses
97	Die Kündigung erhalten – was nun?
97	Das Anfechtungsverfahren
99	Die ausserordentliche Kündigung

10 Rückgabe der Wohnung

100	In welchem Zustand muss die Wohnung abgegeben werden?
101	Details zur Wohnungsrückgabe
103	Welche Schäden sind Sache des Vermieters?
104	Wie viel muss der Mieter bezahlen?
104	Darf der Vermieter jederzeit in die Wohnung?
105	Lebensdauertabelle
107	Was geschieht mit der Kaution?

11 Musterbriefe und Musterverträge

108	Mängelrüge nach dem Einzug
109	Bewilligung der Untermiete beantragen
110	Untermietvertrag
111	Konkubinats-Wohnvertrag
112	Reklamation wegen fehlerhafter Nebenkostenabrechnung
113	Mängel in der Wohnung beanstanden
114	Mietzinsherabsetzung wegen schlechterem Wohnwert verlangen
115	Brief an Schlichtungsbehörde wegen hinterlegtem Mietzins
116	Anfrage an Vermieter wegen geplantem Umbau
117	Kündigungsanfechtung und Erstreckung
118	Ordentliche Kündigung
119	Mitbewohner kündigt dem Vermieter
120	Ausserterminliche Kündigung

12 Adressen und Tabellen

122	Mieterverbände und ihre Beratungsstellen
124	Literaturhinweise
125	Landesindex der Konsumentenpreise
126	Adressen der Hauseigentümerverbände
130	Adressen der Schlichtungsbehörden

1	Mietvertrag / Mietbeginn
2	Wohngemeinschaft / Untermiete
3	Nebenkosten
4	Mietzinserhöhung
5	Mietzinssenkung
6	Mängel / Reparaturen
7	Renovation / Umbau
8	Kündigung durch den Mieter
9	Kündigung durch den Vermieter
10	Rückgabe der Wohnung
11	Musterbriefe / Musterverträge
12	Adressen / Tabellen

1 Mietvertrag und Mietbeginn
Nicht jeder Mietvertrag ist rechtsgültig

Häufig sind versteckte Mietzinserhöhungen bereits im Mietvertrag angelegt. Umso wichtiger ist es, einen neuen Vertrag genau zu studieren.

Ein Mietvertrag ist nichts anderes als eine Abmachung. Für diese Abmachung, die zwischen einem Vermieter und einem Mieter geschlossen wird, schreibt das Gesetz keine bestimmte Form vor. Im Prinzip kann also ein Mietvertrag auch mündlich abgeschlossen werden.

Wenn jemand zum Beispiel im Haus seines Onkels ein Zimmer bewohnt und dafür monatlich 100 Franken bezahlt, besteht zwischen ihm und seinem Onkel bereits ein Mietvertrag – auch wenn nie ein schriftlicher Vertrag unterschrieben wurde.

In aller Regel werden Mietverträge jedoch schriftlich abgeschlossen. Wenn nun also die schriftliche Form gewählt wurde, ist der Mietvertrag gültig, sobald die Parteien im Besitz von je einem Vertragsexemplar sind; und dieses muss von allen unterzeichnet sein.

Häufig haben schriftliche Mietverträge einen Schriftlichkeitsvorbehalt. Das bedeutet, dass alle Änderungen des Vertrags schriftlich sein müssen, damit diese gültig sind.

Bei Familienwohnungen gilt Folgendes: Mietet ein Ehepaar oder mieten zwei eingetragene Partner eine Familienwohnung, ist der Mietvertrag auch dann gültig, wenn nur eine Person unterschreibt. Meistens wird der Vermieter aber darauf bestehen, dass beide unterschreiben. Denn dann haften beide für den Mietzins.

Sollte es zu Meinungsverschiedenheiten über den genauen Inhalt des Mietvertrags kommen, werden alle Parteien als Erstes den schriftlichen Vertrag konsultieren. Dasselbe tut auch das Gericht.

Formular-Mietverträge
Auch ein Formular ist nur ein Papier

Weitaus die meisten Vermieter verwenden Formular-Mietverträge. Es handelt sich jeweils um vorgedruckte Vertragsformulare, die nur noch individuell ausgefüllt werden müssen. Aber: Auch ein Formular-Vertrag darf die zwingenden Mieterschutzbestimmungen des Gesetzes nicht unterlaufen.

Ist das Formular von der kantonalen Sektion des Mieterverbandes herausgegeben oder zusammen mit dem Hauseigentümerverband und/oder mit einem Immobilienverband ausgehandelt worden, ist es ein paritätischer Mietvertrag; dann sind die Rechte von Mietern in den allgemeinen Vertragsbedingungen gebührend berücksichtigt.

Demgegenüber dürfte ein Vertragsformular, das ohne Mitwirkung des Mieterverbandes entstanden ist, eher die Rechte des Vermieters hervorheben.

Ist die strittige Frage im Vertrag geregelt, greift man auf diese Vereinbarung zurück – sofern sie nicht gegen zwingende gesetzliche Bestimmungen verstösst. Will also jemand später nachweisen, dass ihm der Vermieter mündlich eine andere Zusicherung gemacht hat als diejenige, die im Vertrag steht, wird ihm dies kaum gelingen.

Mit dem Abschluss eines Mietvertrags unterstellen sich die Vertragspartner automatisch dem Mietrecht. Die Mieter bilden die wirtschaftlich schwächere Vertragspartei. Zu ihrem Schutz sind ihre wichtigsten Rechte im Gesetz «zwingend» geregelt. Das bedeutet, dass solche Bestimmungen auch nicht in Spezialklauseln oder durch allgemeine Geschäftsbedingungen aus den Angeln gehoben werden können. So können Sie zum Beispiel in einem Mietvertrag nicht auf das Recht auf Erstreckung des Mietverhältnisses verzichten. Eine solche Vertragsklausel wäre ungültig.

Auch wenn Sie nun mit Ihrer Unterschrift unter einen Mietvertrag Ihre zentralen Rechte nicht verlieren werden, ist es dennoch wichtig, den Vertrag vor dem Unterschreiben genau durchzulesen. Die folgenden Punkte sollten richtig aufgeführt sein:
- Vertragspartner
- Mietdauer
- Mietzins und allfällige Vorbehalte
- Depot
- Arbeiten, die der Vermieter noch vor dem Mietantritt ausführen lässt
- besondere Nutzungsrechte (siehe dazu auch Kasten auf Seite 10).

In diesem Kapitel

- 9 Wer ist eigentlich Mietpartei?
- 10 Die Dauer der Miete
- 11 Der Anfangsmietzins
- 12 Den Anfangsmietzins anfechten
- 13 Säumige Zahler riskieren die Kündigung
- 13 Was tun bei finanziellem Engpass?
- 14 Das Mietzinsdepot
- 15 Soll man Vorhänge oder Teppiche übernehmen?
- 16 Die Übernahme des Mietobjekts
- 18 Und wenn die Wohnung nicht bereit ist?

Haben der Vermieter oder die Verwaltung individuelle Eintragungen im Mietvertrag vorgenommen, sollte man diese besonders gut überprüfen. Solche Ergänzungen tauchen häufig auf der Rückseite unter der Rubrik «Besondere Vereinbarungen» auf. Sollten im Vertrag Hunde begraben sein, dann in der Regel hier.

Wer ist eigentlich Mietpartei?

Die erste Frage, die der Vertrag beantwortet: Wer ist Mieter? So einfach die Frage klingt, so heikel kann die Beantwortung sein – vor allem dann, wenn auf der Mieterseite mehrere Personen involviert sind.

Grundsätzlich gilt: Mieter ist nur diejenige Person, die im Mietvertrag namentlich als solche aufgeführt ist und auch unterschrieben hat. Sind zwei Personen als Mieter aufgeführt, hat aber nur eine unterschrieben, muss diejenige Person, die unterschrieben hat, von der anderen dazu bevollmächtigt sein; dies am besten schriftlich.

> **Tipp**
>
> **Den Gegenstand der Miete genau umschreiben**
>
> Der «Hauptgegenstand» des Mietvertrags, etwa «3-Zimmer-Wohnung im 1. Stock links», gibt selten Anlass zu Problemen. Bei Nebenräumen und allgemein zugänglichen Räumen hingegen, die zur Mitbenützung offenstehen, können schon eher Probleme oder Unklarheiten auftauchen. Auch hier gilt der eiserne Grundsatz: einen möglichst genauen und vollständigen Mietvertrag anstreben.
>
> Zeigt Ihnen der Vermieter bei der Wohnungsbesichtigung zum Beispiel stolz seinen gepflegten Garten mit dem Hinweis, Sie dürften ihn selbstverständlich auch geniessen, ist dieses Mitbenutzungsrecht auf jeden Fall eine Erwähnung im Mietvertrag wert. Auch Estrich- oder Kellerabteile müssen aufgeführt werden, ansonsten hat man diese nur auf Zusehen hin.
>
> Detaillierte Abmachungen, die die Nutzung oder die Pflege des Gartens betreffen, gehören ebenfalls in den schriftlichen Mietvertrag. So etwa das Recht, einen Teil des Gartens zu bepflanzen, oder aber die Pflicht, im Sommer einmal wöchentlich den Rasen zu mähen.

Wer jedoch einen Mietvertrag unterschreibt, ohne namentlich als Mieter aufgeführt zu sein, hat nicht unbedingt den Status eines Mieters. Er oder sie läuft dabei Gefahr, trotzdem für den Mietzins zu haften.

Legt man Wert darauf, dass alle Bewohner die Stellung eines Mieters innehaben, sollte man darauf bestehen, dass alle im Vertrag genannt sind. Im Zweifelsfall lohnt sich ein Gang zur Rechtsberatung des Mieterverbands, um diese Frage zu klären.

Das Kapitel 2 («Wohngemeinschaft, Konkubinat») widmet sich speziell den mietrechtlichen Problemen von Wohngemeinschaften und Konkubinatspaaren.

Die Dauer der Miete. Wohnungsmietverträge sind im Normalfall unbefristet und können von beiden Seiten auf den nächstmöglichen Termin gekündigt werden. Dabei muss natürlich die vereinbarte Kündigungsfrist eingehalten werden (siehe auch Kapitel 9).

Es ist aber durchaus möglich, eine feste Vertragsdauer zu vereinbaren. Im Mietvertrag kann zum Beispiel unter dem Titel «Mietdauer» die folgende Regelung vorgesehen sein: «Mietbeginn: 1. Oktober 2018, feste Vertragsdauer zwei Jahre, endet ohne Weiteres am 30. September 2020.» In diesem Fall kann der Vermieter von Ihnen verlangen, dass Sie die Wohnung am 30. September 2020 verlassen; und zwar ohne dass er Ihnen zuvor ein Kündigungsschreiben zustellt. Wichtig: Auch ein befristetes Mietverhältnis kann erstreckt werden. Ein entsprechendes Begehren ist spätestens 60 Tage (Datum des Poststempels ist entscheidend) vor Ende des Vertrags bei der zuständigen Schlichtungsbehörde einzureichen (siehe Kapitel 9).

Eine Kombination von unbefristetem und festem Mietvertrag ist die vertraglich vereinbarte Mindestdauer: Bis zum Ablauf der Mindestdauer kann der Mietvertrag von keiner der beiden Parteien gekündigt werden. Anschliessend laufen solche Verträge unbefristet weiter. Die Mieter können sich nur vorzeitig vom Vertrag lösen, indem sie einen Ersatzmieter vorschlagen.

Ein Beispiel: «Mietbeginn: 1. November 2018, kündbar mit einer dreimonatigen Frist auf jedes Quartalsende, frühestens auf den 30. September 2020.» Wird ein solcher Vertrag nicht auf den 30. September 2020 gekündigt, läuft er unbefristet weiter: Es gelten nun die vertraglichen Kündigungsfristen und -termine.

Ein langfristiger Vertrag ist für Mieter insofern günstig, als sie bis zum Ablauf der festen Vertrags- oder Mindestdauer vor einer Kündigung geschützt sind. Zudem kann der Mietzins vor Ablauf der festen Vertragsdauer nicht erhöht werden, es sei denn, es wäre eine gültige Indexklausel vereinbart worden oder es würde sich um eine sogenannte Staffelmiete handeln (siehe Kasten unten).

Bei langfristigen Verträgen für teure Mietobjekte ist hingegen Vorsicht geboten. Es existieren unter Umständen eine ganze Anzahl Gründe, die für einen vorzeitigen Umzug sprechen.

So könnte sich die beschworene Unzertrennlichkeit des jungen Konkubinatspaars plötzlich als naiver Jugendtraum erweisen; und die beiden Streithähne sitzen plötzlich auf einer unkündbaren, exklusiven Maisonettewohnung hoch über dem Zürichsee.

Oder die Goldschmiedin mit dem teuren Laden an bevorzugter Passantenlage hat unerwartet rezessionsbedingte Umsatzeinbussen zu verkraften – doch ihr Mietvertrag sieht eine feste Dauer bis zum Jahr 2021 vor.

Sollten sich wegen des hohen Mietzinses keine Ersatzmieter auftreiben lassen, haftet die Goldschmiedin oder das junge Paar noch jahrelang für den Mietzins – bis zum Ablauf der festen Vertragsdauer.

Der Anfangsmietzins. Ist der Anfangsmietzins mit einem sogenannten Mietzinsvorbehalt verknüpft (auch Mietzinsreserve genannt, siehe Seite 12), so ist die Wohnung eigentlich teurer, als es auf den ersten Blick scheint (siehe Kasten Seite 15). Mit einem Vorbehalt gibt der Vermieter nämlich zu verstehen, dass er mit dem vereinbarten Anfangsmietzins nicht alle gesetzlichen Möglichkeiten der Mietzinsanpassung ausgeschöpft hat. Mieter müssen also damit rechnen, dass der Vermieter den Mietzins später im Umfang der Mietzinsreserve erhöhen will oder dass der Vermieter den Mietzins, trotz gesunkenen Referenzzinssatzes nicht senken muss.

Solche Erhöhungen kann man anfechten, denn häufig ist der Vorbehalt im Mietvertrag gar nicht zu-

---

Lexikon

Staffelmiete

Bei der Staffelmiete wird bereits im Mietvertrag eine stufenweise jährliche Erhöhung des Mietzinses vereinbart. Eine solche Klausel ist nur gültig, wenn der Mietvertrag für mindestens drei Jahre fest abgeschlossen ist und die Erhöhung (Staffelung) bereits im Voraus in Franken festgelegt wird.

lässig. Der Vermieter wird die Mietzinserhöhung dann durchsetzen können, wenn er nachweisen kann, dass er den Vorbehalt zu Recht angebracht hat. Dementsprechend wird der Mieter mit seiner ausgewiesenen Mietzinssenkung nicht durchdringen, wenn der Vermieter nachweisen kann, dass der Vorbehalt zu Recht angebracht worden ist.

Macht jedoch der Vermieter im Mietvertrag keine Mietzinsreserve geltend, ist der vertragliche Mietzins für ihn bindend. Spätere Mietzinserhöhungen kann er nicht damit begründen, dass der Anfangsmietzins zu tief gewesen sei (siehe dazu auch Kapitel 4).

Wie auch immer – falls Sie nicht sicher sind, ob Sie den Mietvertrag mit einer Vorbehaltsklausel unterschreiben sollen, kann es nicht schaden, sich beim Mieterverband beraten zu lassen.

Zum monatlichen Mietzins kommen meist noch Nebenkosten hinzu (siehe auch Kapitel 3). Bei Vertragsabschluss sollten Mieter deshalb auf die Höhe der monatlichen Akontobeträge (Anzahlungen für die Nebenkosten) achten.

Um eine teure Wohnung besser vermieten zu können, neigen manche Vermieter und Verwaltungen dazu, die Akontobeträge unrealistisch tief anzusetzen. Es lohnt sich, die Höhe der vertraglichen Akontozahlungen zu hinterfragen.

Muss man nämlich neben Heizung/Warmwasser auch Kehricht, Abwasser, Gartenpflege selber zahlen, belaufen sich die monatlichen Nebenkosten schnell auf 250 Franken oder mehr, selbst wenn die monatliche Akontozahlung nur 100 Franken beträgt. Die Nebenkostenabrechnung kann dann eine teure Überraschung bringen.

Den Anfangsmietzins anfechten. Falls Ihnen der Mietzins überrissen hoch erscheint, gibt es die Möglichkeit, bereits den Anfangsmietzins bei der Schlichtungsbehörde anzufechten. Dabei kann man nur den im Mietvertrag erwähnten Mietzins, nicht aber den Mietzinsvorbehalt in Frage stellen.

Es ist aber generell nicht empfehlenswert, einen Mietvertrag nur deswegen zu unterschreiben, weil man auf eine erfolgreiche Anfechtung spekuliert. Denn das Anfechten des Anfangsmietzinses ist nur unter ganz bestimmten Umständen möglich (Details siehe Kapitel 5).

In den Kantonen Freiburg, Genf, Neuenburg, Nidwalden, Waadt, Zug und Zürich muss der Vermieter auf einem sogenannten Anfangs-

---

Lexikon

Mietzinsvorbehalt, Mietzinsreserve

Einen Mietzinsvorbehalt (oder eine Mietzinsreserve) macht der Vermieter dann geltend, wenn er der Meinung ist, der vereinbarte Mietzins entspreche nicht demjenigen, den er eigentlich verlangen dürfte, um zum Beispiel eine ausreichende Rendite zu erzielen. Mit diesem Vorbehalt sichert er sich das formelle Recht, den Mietzins zu erhöhen.

Würde der Vermieter den Mietzins – gestützt auf diesen Vorbehalt – erhöhen, kann dieser Aufschlag angefochten werden. Der Vermieter hätte dann zu beweisen, dass seine Rendite unter dem erlaubten Mass liegt. Gelingt ihm dies, hat der Mieter Pech gehabt.

1 Mietvertrag Mietbeginn

Frage

Können Partner einzeln aus einem gemeinsamen Mietvertrag aussteigen?

Nein. Wer gemeinsam einen Mietvertrag unterschreibt, kann auch nur gemeinsam kündigen. Der eine Partner hat die Möglichkeit, den anderen mit seinem «Nein» zu blockieren und ihn weiterhin für einen Teil des Mietzinses zu belangen. Aber selbst wenn ein Partner mit dem Auszug des andern einverstanden wäre, scheitert die Kündigung häufig am Vermieter. Denn dieser hat unter Umständen ein Interesse daran, dass beide Mieter solidarisch für Vertrag und Wohnung haften.

---

mietzinsformular den Mietzins des Vormieters bekanntgeben sowie eine allfällige Erhöhung begründen.

Säumige Zahler riskieren die Kündigung. Mieter haben vor allem eine Pflicht: den Mietzins pünktlich bezahlen. Wer mit den Mietzinszahlungen im Rückstand ist, darf nicht mit Schonung rechnen.

Wie steht es aber bei einer finanziellen Gegenforderung von Seiten des Mieters? Oder bei der Forderung auf eine Reduktion des Mietzinses, zum Beispiel weil die Wohnung gerade renoviert wird und kaum bewohnbar ist? Kommt der Vermieter einer berechtigten Forderung Ihrerseits nicht nach, ist es nicht ratsam, die Mietzinszahlung eigenmächtig einzustellen. Eine fachkundige Beratung über Ihre Möglichkeiten kann Ihnen besser helfen.

Was tun bei finanziellem Engpass? Wer, aus welchem Grund auch immer, in einem finanziellen Engpass steckt, sollte sofort aktiv werden – bevor es zu spät ist. Wenn Vermieter oder Verwaltung nicht bereit sind, freiwillig dem Mieter entgegenzukommen, heisst es, so schnell wie möglich Geld aufzutreiben.

In dieser Situation ist falscher Stolz fehl am Platz. Freunde, Familie oder gar das Sozialamt um eine vorübergehende Unterstützung zu bitten, ist alleweil besser, als auf der Strasse zu stehen. Mietzinszahlungen haben im Vergleich zu anderen Schulden und Rechnungen absolute Priorität. Es lohnt sich also, andere Rechnungen zurückzustellen, um eine Kündigung zu vermeiden.

Wenn der Mieter mit der Mietzinszahlung im Verzug ist, kann der Vermieter dem Mieter eine Zah-

Lexikon

Mietzins-Verrechnung

Schuldet Ihnen Ihr Vermieter einen gewissen Geldbetrag, so können Sie diese Summe grundsätzlich bei der nächsten Zinszahlung abziehen.

Von dieser Verrechnungsmöglichkeit sollte man jedoch nur dann Gebrauch machen, wenn über Bestand und Höhe der Forderung absolut kein Zweifel besteht. Dies ist zum Beispiel bei einem ausgewiesenen Saldo aus der Nebenkostenabrechnung der Fall. Oder wenn der Mieter irrtümlicherweise zu viel Mietzins bezahlt hat.

Wichtig ist es, dem Vermieter vorgängig die Gründe für den tieferen Mietzins mitzuteilen; so kann man Missverständnisse vermeiden.

Von Fall zu Fall

Vor dem Unterschreiben des Mietvertrags

- Bedenken Sie, dass die Bedingungen des Mietvertrags nicht dem alleinigen Diktat des Vermieters unterstehen. Sie können bessere Vertragsbedingungen aushandeln, die sich auf die gesetzlichen Bestimmungen stützen. Sie können aber auch durchaus Vertragsbestimmungen unterschreiben, die gegen zwingendes Recht verstossen – sie sind ohnehin ungültig.
- Im Büro des Vermieters sollte man sich nicht zu einer voreiligen Unterschrift drängen lassen; verlangen Sie eine Bedenkfrist. Weigert sich der Vermieter, Ihnen den Vertrag nach Hause mitzugeben, ist dies ein gewichtiges Indiz dafür, dass er nicht mit offenen Karten spielt.
- Kontrollieren Sie, ob sich der schriftliche Vertrag mit den mündlichen Abmachungen deckt.

Ist der Vertrag einmal unterschrieben, sind Sie daran gebunden. Im Unterschied zu anderen Verträgen (zum Beispiel Abzahlungsvertrag) haben Mieter nämlich kein Rücktrittsrecht.

lungsverzugskündigung androhen. Dabei muss er dem Mieter eine letzte Frist von 30 Tagen zur Zahlung des Mietzinses einräumen.

Bezahlt nun der Mieter – trotz vorheriger Kündigungsandrohung – den Mietzins nicht innerhalb der 30-tägigen Frist, kann der Vermieter mit einer verkürzten Kündigungsfrist von 30 Tagen auf das nächste Monatsende kündigen (siehe auch Kapitel 9). Zusätzlich kann der Vermieter die Betreibung einleiten.

Es spielt dabei keine Rolle, ob der Mieter nicht zahlen wollte oder konnte. Selbst wenn die arbeitslos gewordene Mieterin nachweisen kann, dass sie, seit sie ihren Arbeitsplatz verloren hat, keine Stempelgelder erhalten hat und deshalb den Mietzins erst nach Ablauf der 30-tägigen Frist zahlen konnte – die Kündigung des Vermieters ist gültig.

Auch die korrekt hinterlegte Mietkaution entbindet die Mieterin nicht von der Pflicht zur Mietzinszahlung: Der Vermieter muss sich eine Verrechnung nicht gefallen lassen (siehe Kasten Seite 13 unten). Denn die Kaution dient vor allem als Sicherheit für allfällige Schadenersatzforderungen beim Auszug. Es ist bei einer korrekt hinterlegten Mietkaution (korrekt bedeutet: das Konto lautet auf den Namen des Mieters) auch nicht zulässig, den letzten Mietzins nicht mehr zu bezahlen (um zu vermeiden, dass die Kaution nicht zurückgezahlt wird).

Immer öfter versuchen Vermieter, den Mietern für die Zahlung des Mietzinses das sogenannte Lastschriftverfahren (LSV) schmackhaft zu machen. Damit liessen sich Spesen sparen, argumentieren sie. Das LSV ist jedoch nicht ohne Tücken. Mit der Unterschrift unter die LSV-Vereinbarung bevollmächtigen Sie Ihren Vermieter, den Mietzins samt Nebenkosten direkt von Ihrem Konto abbuchen zu lassen. Sie sollten zumindest darauf bestehen, dass Ihnen ein ausdrückliches Widerspruchsrecht zugestanden wird. Damit wahren Sie sich das Recht, eine Buchung zu widerrufen.

Das Mietzinsdepot. Viele Vermieter verlangen als Sicherheit ein Depot (Kaution). Das Gesetz beschränkt die Höhe des Depots bei der Wohnungsmiete auf höchstens drei Monatsmietzinse. Der Vermieter muss bei der Bank das Depot auf einem Sparkonto hinterlegen, das auf den Namen des Mieters lautet.

In der Regel wird der Vermieter bei Vertragsabschluss seinen Mietern ein Dokument zur Unterschrift unterbreiten: eine Vereinbarung seiner Hausbank über die Eröffnung eines Mietkautionskontos. Das Mietzinsdepot sollte direkt auf dieses Konto überwiesen werden. Notfalls können Mieter das Konto auch selber eröffnen.

Falls im Mietvertrag nichts anderes vereinbart wurde, gehören die anfallenden Zinsen nicht zur Kaution; der Mieter kann sie grundsätzlich jederzeit abheben. In der Steuererklärung sollte das Depot samt Zins angegeben werden, wobei die Verrechnungssteuer zurückerstattet werden muss.

Der eingezahlte Betrag ist vor dem unberechtigten Zugriff beider Parteien geschützt: Weder Vermieter noch Mieter können ohne die Zustimmung des anderen das Depotgeld abheben. Der Mieter kann sich das Depot ein Jahr nach seinem Auszug aus der Wohnung auch ohne Unterschrift des Vermieters von der Bank auszahlen lassen, wenn er in dieser Zeit vom Vermieter nicht betrieben wurde oder keine Klage gegen ihn eingeleitet wurde (siehe Kapitel 10).

Soll man Vorhänge oder Teppiche übernehmen? Inserate, mit denen Mieter einen Ersatzmieter suchen, verkünden häufig: «Vorhänge und Teppiche müssen übernommen werden.» In Tat und Wahrheit besteht aber keine Verpflichtung zur Übernahme von Einrichtungsgegenständen.

Mieter, die vorzeitig ausziehen wollen, schlagen dem Vermieter unter Umständen nur diejenigen Interessenten vor, die sich zum Kauf der Möbel oder der Vorhänge bereit erklärten. Lassen Sie sich davon nicht beirren. Sie können sich trotzdem um die Wohnung bewerben, und zwar direkt beim Vermieter. Wenn dieser mit Ihnen den Mietvertrag abschliesst, hat Ihr Vormieter das Nachsehen. Denn er kann nicht bestimmen, mit wem der Vermieter den Vertrag einzugehen hat.

Die Übernahme von Teppichen kann durchaus ihre Tücken haben.

Von Fall zu Fall

Mietzinsvorbehalt – die versteckte Mietzinserhöhung

Der Vermieter der Familie Känel hat den Mietzins des Vormieters aus sozialen Gründen seit Jahren nicht mehr angepasst. Der tiefe Mietzins soll jetzt in den Vertrag von Familie Känel übernommen werden.

Im Mietvertrag heisst es aber: «Der vereinbarte Anfangsmietzins von 1500 Franken netto ist nicht kostendeckend. Es besteht eine Mietzinsreserve von 15 Prozent. Der Vermieter behält sich ausdrücklich vor, diese Reserve zu einem späteren Zeitpunkt auszuschöpfen.»

In der Rechtsberatung des Mieterverbands gibt man Herrn und Frau Känel zu bedenken, dass sie vielleicht schon auf den nächsten Kündigungstermin mit einer happigen Erhöhung von mindestens 225 Franken rechnen müssen.

Da für Familie Känel die 1500 Franken netto bereits an der Grenze ihrer finanziellen Möglichkeiten liegen, beschliessen sie, den Mietvertrag nicht zu unterschreiben.

Sollte der Vermieter später verlangen, dass Sie beim Auszug den Teppich entfernen, kann dies unangenehme Folgen nach sich ziehen. Häufig lassen sich Klebstoffrückstände auf dem Parkett nur mit erheblichen Kosten entfernen. Vor der Übernahme eines Teppichs sollte man deshalb prüfen, ob er nicht verklebt ist und wie sich der Boden darunter präsentiert. Allfällige Schäden am Boden gehören jedenfalls ins Antrittsprotokoll.

Unproblematischer ist es für die Mieter(innen), wenn der Vermieter die fraglichen Einrichtungsgegenstände vom Vormieter übernimmt. In diesem Fall gehören die Teppiche zum Mietobjekt.

Die Übernahme des Mietobjekts. Beim Einzug eines neuen Mieters wird in der Regel ein Mängelprotokoll aufgenommen. Meistens wird für das Protokoll ein vorgedrucktes Formular mit Durchschlagskopie verwendet. Lassen Sie sich unbedingt eine Kopie aushändigen.

Dieses Antrittsprotokoll ist ganz im Interesse des Vermieters. Wenn Sie nämlich später wieder ausziehen, kann er die Liste der früheren Mängel mit dem jetzigen Zustand der Wohnung vergleichen und Sie

Tipp

Ungültige Klauseln in Mietverträgen

Auch im Mietrecht gilt: «Wer unterschreibt, gebunden bleibt!» Deshalb ist der Vertrag vor dem Unterschreiben genau durchzulesen – insbesondere die individuellen Ergänzungen in Formular-Mietverträgen.

Nicht selten finden sich jedoch in Mietverträgen Bestimmungen (Klauseln), die trotz Unterschrift keine Gültigkeit haben. Beispiele ungültiger Klauseln:
- Die Verkürzung der gesetzlichen Kündigungsfristen.
- Ein generelles Untermietverbot (siehe Kapitel 2).
- Eine Klausel, wonach bei ausserterminlicher Kündigung eine pauschale Entschädigung zu bezahlen sei; dies unabhängig vom tatsächlichen Mietzinsausfall und von allfälligen (Inserate-)Kosten (siehe Kapitel 8).
- Eine Klausel, die die Mietpartei verpflichtet, grössere Unterhaltsarbeiten oder Reparaturen, die von ihr nicht verschuldet wurden, ganz oder teilweise selber zu bezahlen (siehe Kapitel 6).

Ungültig sind auch Klauseln, die unverhältnismässig oder sogar schikanös sind. Beispiele ungültiger Klauseln aus der Praxis:
- Das Verbot von Kleintieren wie Hamstern und Kanarienvögeln (siehe auch Kasten Seite 18).
- Das Verbot, auf dem Balkon Decken auszuschütteln und Wäsche aufzuhängen.
- Ein Rauchverbot in der Wohnung.
- Das generelle Verbot, in der Wohnung zu musizieren.
- Ein uneingeschränktes Zutrittsrecht des Vermieters ohne Voranmeldung.
- Ein Verbot, ein Parabolantenne zu montieren (allerdings müssen die kantonalen und kommunalen Vorschriften beachtet werden; siehe Kasten Seite 80).
- Eine Einschränkung des Besuchsrechts (siehe Kapitel 2).

für Mängel belangen, die nicht auf der Liste stehen (siehe dazu auch Kapitel 10).

Anders sieht es aus, wenn kein Protokoll über den Zustand der Wohnung aufgenommen wurde. Dann kommt der Vermieter in Beweisnot: Er muss Ihnen zum Beispiel beweisen können, dass Sie den Kratzer in der Badewanne verursacht haben. Ohne Protokoll wird ihm dies kaum gelingen.

Falls ein Antrittsprotokoll erstellt wird, sollten die Mieter peinlich genau darauf achten, dass allfällige Mängel präzise und vollständig festgehalten werden. Denn ist ein Mangel nicht im Protokoll erwähnt, wird der Vermieter beim Auszug annehmen, dass der jetzige Mieter ihn verursacht hat.

Häufig sind bei einer Wohnungsübergabe die alte und die neue Mietpartei sowie der Vermieter oder Verwalter anwesend. Dabei dürfen Sie durchaus auf Ergänzungen und Präzisierungen des Protokolls bestehen. Lehnt der Vermieter dies ab, können Sie Ihrerseits die Unterschrift verweigern. Sobald die Beteiligten mit dem Inhalt des Protokolls einverstanden sind, wird es vor Ort von allen unterzeichnet.

Sollten der Vermieter und Ihr Vormieter das Protokoll in Ihrer Abwesenheit erstellt haben, können Sie verlangen, dass man es Ihnen beim Einzug vorlegt.

Nun kann es aber passieren, dass der Mieter erst nach der Wohnungsübernahme einen Mangel entdeckt, der im Antrittsprotokoll nicht erwähnt ist. In diesem Fall ist es wichtig, dem Vermieter den Mangel sofort schriftlich und eingeschrieben zu melden (siehe Musterbrief 1, Kapitel 11).

Und: Protokolle und Formular-Mietverträge schreiben für die nachträgliche Mängelmeldung oft kurze Fristen von 10 bis 30 Tagen vor.

Es lohnt sich also, die neu bezogene Wohnung in den ersten Tagen nochmals genau unter die Lupe zu nehmen. Auch alle Installationen und Geräte sollten gleich zu Beginn getestet werden.

Das Übergabeprotokoll kann nicht nur dem Vermieter, sondern auch den Mietern helfen: Verspricht der Vermieter zum Beispiel, dass die vergilbten Wände vor dem Einzug neu gestrichen werden, lässt man sich diese Zusicherung am

Frage

Gehört die Kaution auf das Konto des Vermieters?

«Wir sind verheiratet und haben unsere Wohnung vor zwei Jahren bezogen. Der Vermieter verlangte damals, dass wir das Mietzinsdepot auf sein Privatkonto einzahlen. Gehört die Kaution auf das Konto des Vermieters?»

Nein. Der Vermieter muss die Mieterkaution zwingend auf einem Konto hinterlegen, das auf den Namen des Mieters lautet. Missachtet Ihr Vermieter diese Vorschrift, können Sie verlangen, dass er das Geld sofort auf ein Sperrkonto mit Ihrem Namen hinterlegt. Zudem muss er die aufgelaufenen Zinsen nachzahlen.

Sie hätten sogar das Recht, die geleistete Sicherheit zurückzufordern oder mit dem Mietzins zu verrechnen – obwohl dies sonst strikt verboten ist. Und nicht zuletzt könnten Sie den Vermieter für die Verletzung seiner Hinterlegungspflicht sogar strafrechtlich belangen.

> **Lexikon**
>
> **Für Vierbeiner braucht es eine Erlaubnis**
>
> Die meisten Formular-Mietverträge fordern für die Haltung von Tieren das schriftliche Einverständnis des Vermieters. Wer also einen Vierbeiner anschaffen möchte, sollte zuvor eine Bewilligung einholen.
>
> Aus welchen Gründen der Vermieter die Zustimmung verweigern kann, hängt vom Mietvertrag und von den Umständen ab. Hat der Vermieter beispielsweise der Nachbarin die Haltung eines Schäferhundes erlaubt, wird er Ihnen den Pudel kaum verbieten können. Ist die Bewilligung einmal erteilt worden, muss der Vermieter für ihren Widerruf triftige Gründe haben. Dasselbe gilt, falls der Vermieter ein Haustier während Jahren stillschweigend geduldet hat.
>
> Für die Haltung von Kleintieren (Hamstern, Zierfischen usw.) braucht es keine Bewilligung. Stören die Tiere die Nachbarn jedoch erheblich (zum Beispiel Vögel, die sich lautstark bemerkbar machen), darf – und muss – der Vermieter einschreiten.

objekt noch nicht übernommen hat. Hat man es übernommen, also den Schlüssel empfangen, so kann man höchstens allfällige Mängel beanstanden. In sehr schweren Fällen (wohnungsbedingte gesundheitliche Beschwerden) ist die fristlose Kündigung des Vertrags möglich. Dasselbe gilt natürlich auch für den Fall, dass die Wohnung gar nicht bezogen werden kann, weil sie zum Beispiel noch bewohnt ist.

Bevor jedoch ein solcher Schritt unternommen wird, sollte man unbedingt eine fachkundige Beratung einholen oder gar einen Anwalt beiziehen. Heikel ist nämlich nicht nur die Frage, ob der Mieter in diesem konkreten Fall berechtigt ist, aus dem Vertrag auszusteigen. Auch die Berechnung der Schadenersatzansprüche ist delikat.

besten gleich im Protokoll schriftlich bestätigen.

Was tun, wenn die Wohnung mit Mängeln übernommen wurde, die man nicht akzeptieren will? Das Kapitel 6 geht detailliert auf das weitere Vorgehen in diesem Fall ein.

Und wenn die Wohnung nicht bereit ist? Was tun, wenn sie bei Mietantritt schwere Mängel aufweist, die das Wohnen erheblich beeinträchtigen oder gar verunmöglichen?

In diesem Fall können die Mieter ihrem Vermieter zur Beseitigung der Mängel schriftlich eine angemessene Frist einräumen, die je nach Mangel unterschiedlich ist.

Vom Vertrag kann man nur zurücktreten, wenn man das Miet-

1
Mietvertrag
Mietbeginn

2 Wohngemeinschaft, Konkubinat, Untermiete
Gemeinsam wohnen ist voller Tücken

Wer ist eigentlich der Mieter einer Wohnung? Diese scheinbar banale Frage ist nicht bei jedem Mietvertrag einfach zu beantworten. Denn das Gesetz hat das Problem bei Wohngemeinschaften und bei Paaren nicht geregelt.

In der Schweiz wird ein Drittel aller Wohnungen von einer Einzelperson bewohnt. Bei den übrigen Unterkünften handelt es sich mehrheitlich um Familienwohnungen; dazu kommen Mietobjekte, in denen Konkubinatspaare und Wohngemeinschaften wohnen. Bei allen Wohnungen, die durch Einzelpersonen gemietet werden, lässt sich die Frage «Wer ist der Mieter?» klar beantworten. Anders bei Wohnungen, in die mehrere Erwachsene einziehen.

Wer ist bei einer Familienwohnung der Mieter? Beide Ehegatten haben nur dann die vollen Rechte und Pflichten aus dem Mietvertrag, wenn Mann und Frau darin als Mieter aufgeführt sind (siehe auch Kapitel 1). Wer also im Vertrag nicht namentlich als Mieter erwähnt ist, sondern bloss unterschreibt, ist damit noch nicht unbedingt zur vollberechtigten Mietpartei geworden. Wer nur unterschreibt, riskiert aber trotzdem, vom Vermieter für den Mietzins belangt zu werden.

Nehmen wir dazu ein Beispiel: Ein Vermieter sendet den Eheleuten Lamprecht den Mietvertrag zur Unterschrift. Als Mieter ist nur Herr Lamprecht aufgeführt.

Sind beide Eheleute damit einverstanden, ist es ratsam, dass nur Herr Lamprecht den Vertrag unterzeichnet. Möchte Frau Lamprecht aber ebenfalls in den Genuss der Rechte und Pflichten aus dem Mietvertrag kommen, sollte sie sich nach Rücksprache mit dem Vermieter im Mietvertrag ebenfalls als Mieterin aufführen lassen und erst dann unterschreiben.

Zwei Besonderheiten gelten bei Familienwohnungen jedoch immer: Der Vermieter muss die Kündigung beiden Eheleuten mit separater Post zuschicken. Und: Das Ehepaar kann die Wohnung nur gemeinsam kündigen. Die gleichen Regeln gelten auch für eingetragene Partnerschaften.

Konkubinatspaare und Wohngemeinschaften. Immer häufiger werden Wohnungen von Konkubinatspaaren oder Wohngemeinschaften bezogen. Leider hat der Gesetzgeber diese Wohnformen nicht ausdrücklich oder speziell geregelt. Dies ist mit ein Grund, weshalb die Probleme bei dieser Art von Mietergemeinschaften häufig knifflig sind.

Dabei geht es nicht nur um Rechte und Pflichten zwischen der Wohngemeinschaft und dem Vermieter, also um das «Aussenverhältnis». Auch im «Innenverhältnis», in den Beziehungen zwischen den Mitgliedern der Gemeinschaft untereinander, stellen sich rechtliche Knacknüsse.

Im «Aussenverhältnis» zum Vermieter gilt: Genau wie bei Ehepaaren sind nur die im Mietvertrag aufgeführten Personen Mieter. Sind beide Konkubinatspartner oder alle Mitglieder der Wohngemeinschaft erwähnt, handelt es sich um ein Solidarmietverhältnis.

Diejenigen Mitbewohner, die nicht im Mietvertrag aufgeführt werden, betrachtet der Vermieter normalerweise als gewöhnliche Untermieter. Allerdings können neu zugezogene (und im Vertrag nicht erwähnte) Personen ebenfalls eine vollwertige Mieterstellung beanspruchen, wenn der Vermieter sie wie Vertragspartner behandelt – wenn er beispielsweise von ihnen Mietzinszahlungen entgegennimmt oder sie bei Mietzinserhöhungen, Nebenkostenabrechnungen usw. persönlich anschreibt.

Im «Innenverhältnis» innerhalb der Wohngemeinschaft gilt: Ist die Wohnung von den Bewohnerinnen und Bewohnern gemeinsam gemietet, besteht unter ihnen Partnerschaft. Das ist laut Gesetz eine «einfache Gesellschaft». Auch wenn der Mietvertrag nicht auf alle Bewohner lautet, können zwischen dem Mieter und den Mitbewohnern zwei Typen von Beziehungen vorliegen: ein Mietverhältnis (Untermiete) oder Partnerschaft.

So haben etwa Petra Mader und Matthias Tinner vor Jahren eine gemeinsame Wohnung bezogen. Da nur Matthias Tinner den Mietvertrag unterschrieben hatte, ist Petra Mader gegenüber dem Vermieter bloss Mitbewohnerin.

Deshalb kann sich Tinner nicht einfach auf den «Herr-im-Haus»-Standpunkt stellen: Als Konkubinatspartner kann er gegenüber Ma-

In diesem Kapitel

20 Wer ist bei einer Familienwohnung der Mieter?
20 Konkubinatspaare und Wohngemeinschaften
21 Untermiete und ihre Regeln
22 Zwischen Mieter und Untermieter besteht ein normaler Mietvertrag
23 Was Untermieter und Mieter wissen müssen
24 Die Regeln des gemeinschaftlichen Mietvertrags
26 Untermiete oder gemeinschaftlicher Mietvertrag?
26 Das Recht auf Besuch

der nicht die Befugnisse eines (Unter-)Vermieters ausspielen.

Untermiete und ihre Regeln. Untermiete ist grundsätzlich erlaubt. Dies gilt auch dann, wenn in (vor allem älteren) Formular-Mietverträgen steht: «Untermiete verboten.» Jeder Mieter hat in der Schweiz das Recht, einzelne Räume oder die ganze Wohnung unterzuvermieten.

Jedoch muss man den Vermieter vorher über diese Absicht orientieren und seine Zustimmung verlangen (siehe Musterbrief 2, Kapitel 11). Und diese Zustimmung darf der Vermieter nur aus ganz bestimmten Gründen verweigern:

■ Wenn der Mieter sich weigert, dem Vermieter die Bedingungen des Untermietvertrages (unter anderem den Mietzins) bekanntzugeben. Am einfachsten ist es, dem Vermieter eine Kopie der schriftlichen Vereinbarung mit dem Untermieter zu geben.

■ Wenn vom Untermieter ein übersetzter Mietzins verlangt wird. Ein Mieter darf nämlich nicht an der Untermiete verdienen. Wird nur ein Teil der Wohnung untervermietet, muss auch der Mietzins anteilsmässig zum untervermieteten Raum berechnet werden. Hingegen darf man einen angemessenen Zuschlag für Möbel verlangen, die zur Verfügung gestellt werden. Lehnt der Vermieter die Untervermietung ab, weil der verlangte Untermietzins übersetzt ist, und hält der Mieter trotzdem an der Untervermietung fest, kann der Vermieter vom Mieter den durch die Untervermietung erzielten Gewinn herausverlangen. Demgegenüber hat der Untermieter kein Recht, den zu viel bezahlten Untermietzins vom Untervermieter zurückzuverlangen (siehe Kasten rechts).

■ Wenn mit der Untervermietung wesentliche Nachteile für den Vermieter verbunden sind.

Solche Fälle sind selten. Allenfalls dürfte der Vemieter eine Untervermietung ablehnen, weil Nutzungsänderungen oder Überbelegung der Wohnung vorliegen. Da weiterhin der Mieter für den Mietzins haftet, spielt die Frage der Zahlungsfähigkeit des Untermieters keine Rolle. Einwände gegen seine Person (etwa Nationalität) müssen normalerweise nicht beachtet werden.

Sollte der Vermieter die Anfrage in Sachen Untermiete nicht beantworten, darf man davon ausgehen, dass die Untervermietung akzeptiert ist. Verweigert er hingegen die Zustimmung ohne Grundangabe, verlangen Sie eine schriftliche Begründung. Und falls der Vermieter die Untermiete zu Unrecht ablehnt, können Sie sich an die Schlichtungsbehörde wenden.

Wenn ein Vermieter seine Zustimmung nachträglich widerruft, müsste in der Zwischenzeit einer der drei gesetzlichen Verweigerungsgründe (siehe oben) eingetreten sein. Dasselbe gilt, wenn der Vermieter eine Untermiete über längere Zeit stillschweigend geduldet, aber nicht ausdrücklich bewilligt hat. Auch dann kann er den Untermieter nur mit einem der drei Verweigerungsgründe ablehnen.

Falls der Untermieter auszieht und eine andere Person an seiner Stelle einziehen soll, muss die Zustimmung des Vermieters erneut eingeholt werden. Er kann die Zustimmung kaum verweigern, falls die Bedingungen für die Untermiete gleich geblieben sind.

Die Vermietung einer Wohnung oder Teilen davon auf der Plattform AirBnB gilt als Untervermietung. Es müssen somit die Regeln der Untermiete eingehalten werden.

Der Vermieter kann jedoch die Zustimmung zu einer unbestimmt dauernden Untervermietung verweigern – etwa wenn der Mieter keine konkrete Rückkehrabsicht hat.

Zwischen Mieter und Untermieter besteht ein normaler Mietvertrag. Denn auch Untermiete ist Miete. Will ein Mieter seine Wohnung ganz oder teilweise untervermieten, muss er sich also im Klaren sein, dass der Untermieter ihm gegenüber die gleichen Rechte geniesst, die er selber gegenüber dem Vermieter hat:

- Dem Untermieter stehen sämtliche Mängelrechte zu. Der Mieter hat aber dafür zu sorgen, dass der Vermieter die Mängel behebt (siehe Kapitel 6).

- Mietzinserhöhungen müssen rechtzeitig und mit dem amtlichen Formular mitgeteilt werden. Selbstverständlich sind auch Untermieter berechtigt, diese anzufechten.

- Die Kündigung muss mit einem amtlichen Formular und unter Einhaltung der gesetzlichen Kündigungstermine und -fristen ausgesprochen werden (für Wohnungen und für unmöblierte Zimmer drei Monate Kündigungsfrist). Eine kürzere Frist gilt nur für möblierte Einzelzimmer, die zwei Wochen zum Voraus auf jedes Monatsende gekündigt werden können. Untermieter können die Kündigung anfechten und ein Erstreckungsbegehren stellen.

Was Untermieter und Mieter wissen müssen. Selbst wenn die ganze Wohnung untervermietet wird, bleibt der Mieter der verantwortliche Vertragspartner des Vermieters. Er haftet also weiterhin für die Bezahlung des Mietzinses und kann vom Vermieter für Schäden, die die Untermieter verursacht haben, belangt werden.

Frage

Kann ich einen übersetzten Mietzins zurückverlangen?

«Ich habe für 600 Franken ein Zimmer bei einer älteren Dame in Zürich gemietet und bin Untermieter. Per Zufall habe ich jetzt erfahren, dass der Mietzins der ganzen 4-Zimmer-Wohnung 1100 Franken beträgt, also nicht einmal doppelt so teuer ist wie mein kleines Zimmer. Kann ich einen Teil des Mietzinses zurückverlangen?»

Nein. Der Untermietvertrag, den Sie abgeschlossen haben, ist gültig. Auch wenn der Mietzins objektiv gesehen zu hoch ist. Eine Mietzinssenkung können Sie nur bei einer Hypothekarzinssenkung verlangen.

Die Anpassung des Zimmerpreises an den Zins für die ganze Wohnung hätte nur durchgesetzt werden können, wenn Sie innerhalb der ersten 30 Tage seit Mietantritt den Anfangsmietzins angefochten hätten.

Ein überhöhter Zins bei Untermiete kann aber eine andere Konsequenz haben: Sollte der Vermieter davon erfahren, so kann er seiner Mieterin die Untervermietung (zum überhöhten Mietzins) verbieten.

Untermieter müssen in zweifacher Hinsicht auf eine Kündigung gefasst sein: Wenn der (Haupt-)Mieter die Untermiete kündigt, haben Untermieter wenigstens noch das Recht, die Kündigung anzufechten und eine Erstreckung zu verlangen.

Wie muss eine Mieterin ihrem Untermieter kündigen? Marianne Dubois ist Mieterin einer 3-Zimmer-Wohnung und hat ein Zimmer an Yves Schlatter untervermietet. Nun hat Marianne Dubois von ihrem Vermieter die Kündigung für die 3-Zimmer-Wohnung erhalten. Sie müsste eigentlich ihrem Untermieter frist- und termingerecht und mit amtlichem Formular kündigen. Sie hat aber die Frist verpasst.

> **Tipp**
>
> **Konflikte vermeiden: Reden ist Gold**
>
> Ob Untermiete oder gemeinschaftlicher Mietvertrag: Reden ist Gold, Schweigen ist Silber. Reden Sie frühzeitig über Ihre gegenseitigen Rechte und Pflichten. Auch mögliche Probleme bei einer Beendigung des Zusammenlebens sollten bei dieser Diskussion auf den Tisch kommen. Denn solange noch Frieden herrscht, ist es ein Leichtes, die gemeinsamen Vorstellungen schriftlich festzuhalten. Im Streitfall hingegen ist es schwieriger, Lösungen zu finden.

Am Auszugstermin kann der Vermieter den Untermieter Yves Schlatter aus der Wohnung ausweisen, selbst wenn die Kündigung nicht korrekt erfolgte. In diesem Fall kann Yves Schlatter von der Mieterin Marianne Dubois lediglich noch Schadenersatz verlangen; und dies auch nur, wenn ihm ihr Versäumnis Mehrkosten verursachte. Dieses Beispiel zeigt die allgemeine Problematik der Untermiete auf.

Für alle Beteiligten ist es wichtig, einen schriftlichen Untermietvertrag zu formulieren (siehe Mustervertrag 3, Kapitel 11). Darin müssen alle wesentlichen Abmachungen schriftlich festgehalten sein (Vertragsdauer, Regelung der Kündigung, Umfang des Nutzungsrechts, Mietzins, Nebenkosten, Inventar, besondere Vereinbarungen). Dabei können – müssen aber nicht – die üblichen Mietvertragsformulare verwendet werden.

Die Regeln des gemeinschaftlichen Mietvertrags. Sind im Mietvertrag mehrere Personen als Mieter aufgeführt, sind sie gegenüber dem Vermieter gleichberechtigt; sie haften aber auch solidarisch für die vertraglichen Verpflichtungen, insbesondere für den Mietzins. Zwischen den gleichberechtigten Mitmietern besteht (im Gegensatz zur Untermiete) kein Mietverhältnis, sondern eine Partnerschaft.

Dies bedeutet, dass der Vermieter irgendeinen Mieter aussuchen und von ihm die volle Zahlung verlangen kann. Der oder die Betroffene muss dann von den andern ihre Anteile verlangen.

Der Vermieter hat Mietzinserhöhungen und Kündigungen gegenüber sämtlichen Mietern auszusprechen. Diese wiederum können nur gemeinsam dagegen vorgehen. Dies gilt nicht nur für die Anfechtung einer Mietzinserhöhung oder einer Kündigung, sondern auch dann, wenn eine Mietergemeinschaft selber kündigen oder zum Beispiel die Behebung von Mängeln in der Wohnung fordern möchte. Kein Mitglied der Mietergemeinschaft kann im Alleingang vorgehen.

Ist ein Mieter längere Zeit abwesend, lohnt es sich also, eine andere Person aus dem Mietverhältnis für die Stellvertretung gegenüber dem Vermieter schriftlich zu bevollmächtigen. So unternahm beispielsweise Andrea Rüegg, die in einer Vierer-Wohngemeinschaft wohnt, eine halbjährige Weltreise. Vor der Abreise bevollmächtigte sie die anderen drei Wohnpartner, sodass diese sie in allen Belangen vertreten konnten, die das Mietverhältnis betraf.

Es existieren keine spezifischen Vorschriften über die gegenseitigen Rechte und Pflichten unter den Mitgliedern einer Mietergemeinschaft (wie beispielsweise Aufteilung des Mietzinses, Verteilung der Telefongebühren oder Stromkosten usw.). Können sich die Partner nicht einigen und fehlt es an einer schriftlichen Vereinbarung, kommen die ziemlich unbefriedigenden gesetzlichen Bestimmungen der «einfachen Gesellschaft» zum Zug.

Besondere Probleme stellen sich vor allem dann, wenn ein Konkubinatspartner oder ein Mitglied der Wohngemeinschaft auszieht. Zur Entlassung einer Person aus dem gemeinsamen Mietvertrag müssen sowohl die verbleibenden Bewohner wie auch der Vermieter ihr Einverständnis geben. Dabei gilt: Ohne ausdrückliche Zustimmung des Vermieters kann der gemeinsame Mietvertrag nur ganz oder gar nicht aufgelöst werden. Enthält der Mietvertrag einen Schriftlichkeitsvorbehalt, muss die ausdrückliche Zustimmung schriftlich erfolgen.

Wird dieses Einverständnis nicht erteilt und kommt es zu Meinungsverschiedenheiten darüber, wie lange der ausziehende Mieter noch für den Mietzins haftet, lohnt sich eine frühzeitige kompetente Rechtsberatung.

Um ein unschönes Ende der Wohngemeinschaft zu vermeiden, ist es deshalb ratsam, im Voraus schriftliche Abmachungen zu treffen (siehe Mustervertrag 4, Kapitel 11). Solche Abmachungen sind für den Vermieter aber nicht verbindlich. Selbstverständlich können Vereinbarungen jederzeit geändert werden, falls die Änderung im gegenseitigen Einverständnis erfolgt.

Frage

Darf die Schlummermutter das Zimmer der Untermieterin betreten?

«Unsere 17-jährige Tochter macht in Bern eine Ausbildung. Da wir im Berner Oberland wohnen und der Schulweg zu lang wäre, haben wir für unsere Tochter ein Zimmer bei Bekannten in der Stadt gemietet. Sabine freute sich auf die neue Unabhängigkeit und war froh, auch etwas Familienanschluss zu haben.

Leider hat sich der Familienanschluss als Falle entpuppt. So will ihr die Schlummermutter vorschreiben, wann sie abends zu Hause sein müsse. Unsere Tochter merkte auch, dass die Vermieterin während ihrer Abwesenheit ihr Zimmer betritt. Darf die Vermieterin das?»

Nein. Als (Unter-)Mieterin hat Ihre Tochter das uneingeschränkte Nutzungsrecht am gemieteten Zimmer. Die Vermieterin darf streng genommen nicht einmal einen Zimmerschlüssel behalten. Falls ein Gespräch mit der Vermieterin nichts nützt, kann Ihre Tochter die Schlummermutter anzeigen. Denn wer entgegen dem Verbot der Bewohnerin in ihre Privatsphäre eindringt, begeht Hausfriedensbruch.

Eine weniger harte und deshalb empfehlenswertere Massnahme: Die Schülerin könnte das Türschloss auswechseln. Dies ist nicht verboten und stellt die Vermieterin vor vollendete Tatsachen.

Schriftliche Abmachungen können übrigens nicht nur unter den Bewohnern, sondern auch mit dem Vermieter getroffen werden.

Ein solcher Zusatz im Mietvertrag könnte so aussehen: «Corinne T. und Frank M. sind je einzeln berechtigt, den Mietvertrag zu kündigen. Das Mietverhältnis wird mit der verbleibenden Partei fortgesetzt, sofern ihr Einkommen (zusammen mit dem Einkommen eines allfälligen Ersatzmieters) genügend Sicherheit für den Mietzins bietet.»

Untermiete oder gemeinschaftlicher Mietvertrag? Wer auch immer gemeinsam mit anderen Personen eine Wohnung beziehen will, tut gut daran, schon vor den ersten Bewerbungen zu klären, ob ein Untermietverhältnis oder ein gemeinschaftlicher Mietvertrag vorteilhafter erscheint.

Der Vermieter hat dazu natürlich meistens seine eigenen Vorstellungen: Ist es eine relativ teure Wohnung, hat er ein Interesse, dass möglichst alle Bewohner für den Mietzins haften. Andererseits ist es für ihn einfacher, wenn er während des Mietverhältnisses nur mit einer Person zu tun hat. Zudem sind im Falle der Kündigung die Erstreckungsaussichten eines einzelnen Mieters normalerweise geringer. Welche der beiden Varianten vorzuziehen ist, lässt sich nicht allgemein sagen.

Die obigen Kriterien des Vermieters sind natürlich auch auf Mieterseite zu bedenken. Ein wichtiger Vorteil der Untermiete liegt sicher darin, dass der Untermieterwechsel unproblematisch ist; der Vermieter kann sein Einverständnis dazu kaum verweigern. Besonders bequem ist hier die Position des Untervermieters. Er muss allerdings unter Umständen auch für seine Mitbewohner den Kopf hinhalten. Untermieter hingegen müssen wissen, dass sie im Streitfall dem Untervermieter ausgeliefert sind. Immerhin lässt sich durch schriftliche Vereinbarungen die Machtstellung des Untervermieters bis zu einem gewissen Grad zurechtstutzen.

Eine Untermiete ist vorzuziehen, falls Untermieter gelegentlich wieder ausziehen möchten (und falls zum Untervermieter ein Vertrauensverhältnis besteht).

Anders bei einer stabilen Wohngemeinschaft (zum Beispiel mit Kindern) und bei Konkubinatspaaren: Eine Untermiete bringt hier weniger Vorteile. In solchen Konstellationen ist die Gleichberechtigung aller Personen ein wichtiges Argument. Hier drängt sich ein gemeinschaftlicher Mietvertrag auf, in dem alle als Mieter erwähnt sind.

Das Recht auf Besuch. Der Vermieter darf Ihnen keine Vorschriften machen, wann und welche Personen zu Besuch kommen. Es ist Ihr Recht, selbst zu bestimmen, wen Sie wie lange bei sich beherbergen. Vertragsbestimmungen, die dieses Recht einschränken, sind ungültig.

Selbstverständlich müssen sich aber die Besucher an die Hausordnung halten. Übrigens: Für Schäden, die von Besuchern stammen, kann der Mieter haftbar gemacht werden.

Erst wenn die Besuche zu einer eigentlichen Überbelegung der Wohnung führen, darf der Vermieter einschreiten – und natürlich auch dann, wenn Sie von den «Besuchern» einen Mietzins verlangen, weil es sich dann um ein Untermietverhältnis handelt.

3   Im Dschungel der Nebenkosten
Wer muss welche Kosten übernehmen?

Nebenkosten müssen im Mietvertrag genau deklariert sein. Wer eine Rechnung mit Nebenkosten erhält, die nicht im Mietvertrag erwähnt sind, braucht diesen Posten nicht zu bezahlen.

In den meisten Mietverträgen sind Nettomietzins und Nebenkosten separat aufgeführt. Laut Gesetz ist es jedoch durchaus zulässig, einen Mietzins «alles inklusive» zu vereinbaren – sodass sämtliche Nebenkosten inbegriffen sind.

Auch ohne Erwähnung «alles inklusive» gelten alle nicht namentlich aufgeführten Nebenkosten als im Nettomietzins inbegriffen. Das bedeutet, dass sie nicht separat bezahlt werden müssen. Der generelle Verweis auf die Allgemeinen Vertragsbedingungen genügt nicht als Vereinbarung über separat geschuldete Nebenkosten.

Fehlt etwa im Mietvertrag die ausdrückliche Erwähnung, dass der Mieter für die Treppenhausreinigung separat aufzukommen hat, so sind diese Kosten im Mietzins inbegriffen. Oder: Steht im Mietvertrag nichts von einem Serviceabonnement für den Aufzug im Haus, so hat dieser Posten in der Nebenkostenabrechnung nichts zu suchen.

Es sind allerdings Umstände denkbar, in denen Mieter auch Nebenkosten bezahlen müssen, die im Vertrag nicht erwähnt sind. Funktioniert beispielsweise die Waschmaschine im Keller seit Mietbeginn nur mit Münzeinwurf, so ist klar, dass Sie diese Kosten selber zu tragen haben.

Ungültig sind vertragliche Abmachungen, die den Mieter zur Bezahlung aller Nebenkosten verpflichten wollen, ohne dass die einzelnen Positionen deklariert sind. Formulierungen wie «Nebenkosten akonto Fr. 120.–» oder «Alle Betriebskosten pauschal Fr. 90.–» sind also nicht statthaft. Auch Formulierungen wie «Heizung/übrige Betriebskosten akonto Fr. 140.–» sind zu wenig detailliert. Denn da hier nicht umschrieben wird, was genau die «übrigen Betriebskosten» bedeuten, sind in diesem Fall nur die Heizkosten zu bezahlen.

Darf der Vermieter alle seine Aufwendungen vertraglich als Nebenkosten überwälzen? Die Antwort: «Nein». Denn das Gesetz definiert «Nebenkosten» als diejenigen Betriebskosten und öffentlichen Abgaben, welche mit der Benutzung der Wohnung zusammenhängen.

Tipp
Detaillierte Nebenkostenabrechnungen

Grössere Verwaltungen neigen dazu, aus Spargründen nur die Gesamtkosten anzugeben und dazu denjenigen Nebenkostenanteil, der auf die einzelne Wohnung entfällt.

Wenn Sie in einem solchen Fall eine detaillierte Nebenkostenabrechnung verlangen, erhalten Sie unter Umständen einen ganzen Stoss von unübersichtlichen Buchhaltungsauszügen.

Damit verletzt Ihre Verwaltung die Abrechnungspflicht. Denn sie darf den Mietern nicht zumuten, detektivische Kleinarbeit leisten zu müssen, um Hunderte von Buchungen den einzelnen Nebenkostenpositionen zuzuordnen. Diese Arbeit gehört zum Pflichtenheft des Vermieters.

Folgende Vermieterausgaben können dem Mieter nicht als Nebenkosten auferlegt werden:
- Gebäude- und Haftpflichtversicherungsprämien
- Liegenschaftssteuern
- allgemeine Verwaltungskosten (der mit der Nebenkostenabrechnung verbundene Verwaltungsaufwand darf allerdings bei entsprechender Vereinbarung separat verrechnet werden; üblich ist eine Pauschale im Umfang von rund 3 Prozent der Nebenkosten)
- Aufwendungen für Reparaturen
- Aufwendungen für Neuanschaffungen oder für den Ersatz alter Geräte (wie zum Beispiel eines Rasenmähers).

In diesem Kapitel

- **29** Was gehört zu den Heizkosten?
- **30** Kontrolle der Heiz- und Nebenkostenabrechnung
- **31** Die Tücken der Heiz- und Nebenkostenabrechnung
- **33** Unzufrieden mit der Nebenkostenabrechnung?
- **35** Rückforderung zu viel bezahlter Nebenkosten
- **36** Kann der Vermieter die Nebenkosten ändern?

Was gehört zu den Heizkosten?

Die Heizkosten und – falls zentral aufbereitet – auch die Warmwasserkosten werden sehr häufig vom Nettomietzins ausgeschieden. In der Regel werden dafür monatliche Akontozahlungen vereinbart.

Das Gesetz regelt genau, welche Ausgabenposten in die Heizabrechnung gehören:
- Öl- und Gasverbrauch. Genauer: Vorrat zu Beginn der Abrechnungsperiode plus weitere Einkäufe abzüglich Schlussvorrat.
- Strom für Brenner und Pumpen. Falls der Stromverbrauch für die Heizung nicht von einem Zähler erfasst wird, muss der entsprechende Anteil an den gesamten Stromkosten geschätzt werden.
- Reinigung der Heizungsanlage und des Kamins, das Auskratzen, Ausbrennen und Einölen der Heizkessel sowie die Abfall- und Schlackenbeseitigung; darunter fällt auch die Rechnung des Kaminfegers.
- Periodische Revision der Heizungsanlage einschliesslich des Öltanks sowie das Entkalken der Warmwasseranlage, des Boilers und des Leitungsnetzes. Die Kosten für die Tankrevision, welche in der Regel nur alle zehn Jahre durchgeführt wird, müssen anteilsmässig auf alle Rechnungsjahre verteilt werden.
- Die Verbrauchserfassung für Heizöl oder Gas. Bei der verbrauchsabhängigen Heizkostenabrechnung: der Abrechnungsservice. Dazu kommt der Unterhalt der nötigen Apparate.
- Wartung: Sie entspricht in der Regel einem angemessenen Teil des Hauswartlohns.
- Versicherungsprämien, soweit sie sich ausschliesslich auf die Heizungsanlage beziehen (zum Beispiel Tankversicherung).
- Verwaltungsarbeiten, die mit dem Betrieb der Heizungsanlage zusammenhängen. Weist der Vermieter die tatsächlichen Kosten fürs Erstellen der Nebenkostenabrechnung nicht aus, ist auf eine Pauschale abzustellen. Sie bemisst

sich nach den ortsüblichen Ansätzen und beträgt vielerorts 3 Prozent.

Folgende Positionen hingegen gehören nicht zu den Nebenkosten:
- Reparatur und Erneuerung der Anlage,
- Verzinsung und Abschreibung der Anlage.

Kontrolle der Heiz- und Nebenkostenabrechnung. Eine seriöse Nebenkostenabrechnung gibt Aufschluss darüber, welche Kosten unter den einzelnen vereinbarten Nebenkostenpositionen angefallen sind. Zudem zeigt sie, nach welchem Schlüssel die Kosten auf die einzelnen Wohnungen verteilt wurden.

Eigentümer von Mehrfamilienhäusern erfassen die Nebenkosten meist gesamthaft für die ganze Liegenschaft (Ausnahme: verbrauchsabhängige Heizkostenabrechnung). Danach folgt die Kunst der gerechten Verteilung auf die einzelnen Mietparteien.

In der Praxis tauchen dabei verschiedene Fragen auf:

Soll für die Verteilung der Wasserkosten die Anzahl Zimmer, die Anzahl Wasserhahnen oder die Anzahl Bewohner massgebend sein? Sind Heizkosten nach Fläche oder nach Rauminhalt der Wohnung aufzuteilen? Muss auch die Mietpartei ohne Fernsehgerät einen Teil der Kabelanschlussgebühr bezahlen?

Die Frage nach dem gerechten Verteilschlüssel können auch Juristen nicht immer mit absoluter Sicherheit beantworten. Vielmehr ist im Einzelfall richtiges Augenmass gefordert.

Kann der Vermieter seinen Verteilschlüssel plausibel erklären, werden sich die Mieter meistens damit abfinden müssen. Sind die Räume im ganzen Haus gleich hoch, erscheint ein Verteilschlüssel nach Wohnfläche sinnvoll. Gibt es da Unterschiede, ist das Kriterium des Rauminhalts vorzuziehen.

Umgekehrt ist es für den Vermieter nicht zumutbar, dass er bei der Zuteilung der Hauswartkosten zuerst eruiert, welche Mietpartei dem Hauswart wie viel Arbeit verursacht hat.

Mieter müssen nicht für einen Kabelanschluss zahlen, wenn er plombiert ist.

In der Regel hält der Mietvertrag einen Stichtag für die Abrechnung fest. Am meisten verbreitet ist das Datum des 30. Juni; in diesem Fall dauert die Abrechnungsperiode vom 1. Juli bis Ende Juni des nächsten Jahres.

Wie viel Zeit sich der Vermieter für die Abrechnung nehmen darf, ist häufig bereits im Mietvertrag geregelt. Ist dies nicht der Fall, gilt eine Frist von höchstens sechs Monaten. In diesem Zeitraum sollten Vermieter oder Verwaltungen in der Lage sein, die heute meist computerunterstützte Rechnerei abzuschliessen. Falls damit zu rechnen ist, dass ein Saldo zu Ihren Gunsten resultiert, lohnt es sich, den Vermieter nach Ablauf der Frist aufzufordern, Ihnen die Nebenkostenabrechnung zuzustellen.

Was aber geschieht, wenn ein Mieter mitten in der Abrechnungsperiode auszieht? Der Vermieter kann eine Zwischenabrechnung vorlegen oder den Mieter auf den normalen Abrechnungstermin vertrösten. Dabei muss er aber dem Umstand Rechnung tragen, dass sich die Heizkosten über das ganze Jahr naturgemäss ungleich verteilen. Bei dieser Verteilung auf die alte und die neue Mietpartei greift man auf prozentuale Durchschnittswerte für die einzelnen Monate zurück (siehe Tabelle unten).

Zulässig und häufig anzutreffen ist auch eine Abrechnung, welche die einzelnen Monate gleich gewichtet. Am Schluss wird Ihr Anteil an den gesamten Nebenkosten mit den Akontozahlungen verrechnet, die Sie während der Abrechnungsperiode bereits geleistet hatten. Daraus kann ein Saldo zugunsten des Vermieters resultieren.

Übersteigt aber die Summe der Akontozahlungen den geschuldeten Betrag, muss Ihnen der Vermieter die Differenz zurückerstatten. Versäumt er dies, können Sie diesen Betrag am nächsten Mietzins abziehen. Sie müssen aber ausdrücklich darauf hinweisen, dass Sie Ihr Guthaben mit dem nächsten Mietzins verrechnen werden.

Die Tücken der Heiz- und Nebenkostenabrechnung. Die Heiz- und Nebenkostenabrechnung dient zur Berechnung von Rück- oder Nach-

Tipp

Berechnung bei einem Mieterwechsel

So verteilen sich bei einem Mieterwechsel die Anteile der gesamten Heizkosten auf die einzelnen Monate (in Prozent):

| Monat | Ohne Warmwasser | | | Mit Warmwasser |
	Mittelland	Bergregion	Tessin	Mittelland
Januar	17,5	14,0	21,5	13,6
Februar	14,5	11,5	17,0	12,1
März	13,5	11,5	15,5	11,5
April	9,5	9,0	5,0	9,3
Mai	3,5	7,0	–	5,6
Juni	–	4,5	–	3,7
Juli	–	1,0	–	3,7
August	–	4,0	–	3,6
September	1,0	5,5	–	3,7
Oktober	10,0	8,5	6,0	9,5
November	13,5	10,5	15,0	10,7
Dezember	17,0	13,0	20,0	13,0

zahlungen. Sie kommt also nur dort zum Zug, wo Akontozahlungen getätigt wurden; pauschal erhobene Nebenkosten gehören nicht dazu.

Überprüfen Sie deshalb, welche Nebenkosten gemäss dem Vertrag pauschal und welche akonto zu bezahlen sind. Wie wichtig eine Kontrolle sein kann, zeigt das Beispiel von Esther Kern (siehe Kasten unten). Ebenso das Beispiel von Herrn und Frau Solana: Sie bezahlen einen monatlichen Akontobetrag für Heizung und eine Pauschale für Hauswartung/Treppenhausreinigung.

> ### Tipp
> **Pauschal oder akonto?**
>
> Der Mietvertrag von Esther Kern legt fest: «Heizung akonto Fr. 70.–/Monat; Kehricht und Abwasser pauschal Fr. 30.–». Der Vermieter präsentiert folgende Rechnung:
>
> | | |
> |---|---|
> | Heizkosten | Fr. 800.– |
> | Kehricht- und Abwassergebühren | Fr. 450.– |
> | **Total** | **Fr. 1250.–** |
> | Abzüglich Akontozahlungen (12 x 70.– plus 12 x 30.–) | Fr. 1200.– |
> | **Saldo zugunsten Vermieter** | **Fr. 50.–** |
>
> Die Abrechnung ist falsch: Frau Kern muss die 50 Franken nicht bezahlen. Im Gegenteil: Sie hat selber Anspruch auf Rückerstattung von 40 Franken für zu viel bezahlte Heizkosten. Grund: Die Abwasser- und Kehrichtgebühren werden pauschal erhoben, sodass eine Nachzahlung für die effektiv höheren Kosten gar nicht in Betracht kommt. Weil aber die Heizkosten (Fr. 800.–) tiefer ausgefallen sind als die Akontozahlung (12 x Fr. 70.– = Fr. 840.–), ist die Differenz von 40 Franken zwischen den geleisteten Akontozahlungen und den effektiven Kosten zurückzuzahlen.

Die in der Heizkostenabrechnung aufgeführten 120 Franken für «Bedienung Heizungsanlage» machten das Ehepaar stutzig. Zu Recht: Da der Hauswart für die Heizung zuständig ist und seine Lohnkosten mit der Pauschale bereits vollumfänglich abgegolten sind, ist eine zusätzliche Belastung bei den Heizkosten nicht statthaft.

Und noch ein Beispiel aus der Praxis: Im 6-Familien-Haus, wo Tim Madörin wohnt, steht seit Monaten eine Wohnung leer. Statt wie bisher auf alle sechs, verteilt der Vermieter die Heizkosten dieses Jahr nur auf die fünf Mietparteien der vermieteten Wohnungen. Entsprechend höher fallen die anteilsmässigen Kosten für Tim Madörin aus; die leer stehende Wohnung musste ja während des Winters auch beheizt werden, weil sonst Frostschäden drohten.

Tim Madörin fragte beim Mieterverband an, ob dieses Vorgehen korrekt sei. Die Rechtsberaterin informierte ihn, dass die Kosten der Beheizung von unvermieteten Wohnungen von Gesetzes wegen zulasten des Vermieters gehen.

Wenn allerdings der Vermieter nachweisen kann, dass er die leer stehende Wohnung nur gerade so knapp beheizt hat, dass keine Schäden entstehen konnten, muss er nicht den ganzen Sechstel der gesamten Heizkosten übernehmen, sondern nur die Hälfte davon (bei 2- bis 3-Familien-Häusern beträgt der Vermieteranteil ein Drittel, bei Büro- und Geschäftshäusern sowie bei Wohnhäusern mit über acht Wohnungen sind es zwei Drittel).

Pauschale und Akontozahlung

Welches sind die Vor- und Nachteile?

Von einer **Nebenkostenpauschale** spricht man, wenn in einem Mietvertrag ein fester monatlicher Betrag für eine Nebenkostenposition vereinbart wurde.

Vorteil der Pauschale ist, dass die aufwendige jährliche Abrechnung entfällt und keine Nachzahlungen oder Rückerstattungen vorzunehmen sind. Sollten etwa die tatsächlichen Kosten für die Heizung höher liegen als die pauschal bezahlten zum Beispiel 80 Franken pro Monat, so hat der Vermieter das Nachsehen – und der Mieter hat Glück gehabt.

Damit sich der Vermieter nicht auf Mieters Buckel bereichern kann, hat der Gesetzgeber Spielregeln aufgestellt: Der Vermieter muss sich bei der Festsetzung der Pauschalbeträge auf die effektiven Durchschnittskosten der letzten drei Jahre stützen.

Zudem können Mieter Einsicht in die entsprechenden Belege verlangen. Stellt sich heraus, dass der Pauschalbetrag eindeutig zu hoch ist, kann der Mieter unter Einhaltung der Kündigungsfristen auf den nächsten Kündigungstermin ein Senkung verlangen.

Falls für die Nebenkosten monatliche **Akontobeträge** bezahlt werden, muss der Vermieter mindestens einmal im Jahr seine tatsächlichen Kosten abrechnen.

Waren die effektiven Kosten höher als die Summe der Akontozahlungen, so wird er vom Mieter eine Nachzahlung verlangen. Waren sie dagegen tiefer, hat er seinen Mietern und Mieterinnen den Saldo zurückzuerstatten. Die übliche Frist für Nach- und Rückzahlung beträgt 30 Tage.

Es ist zulässig und kommt auch häufig vor, dass die Varianten Akontozahlung und Pauschale kombiniert werden. Zum Beispiel: «Heizung und Warmwasser akonto Fr. 80.–, Treppenhausreinigung und Hauswartung pauschal Fr. 30.–.»

Ist die Art der Zahlung im Mietvertrag nicht ausdrücklich festgelegt, handelt es sich unter Umständen um eine unklare Vereinbarung über die Nebenkosten. Lassen Sie sich in einem solchen Fall von einer Fachstelle beraten.

Bei einem Neubau muss der Vermieter die Mehrkosten für die Bauaustrocknung übernehmen. Dieser Abzug, der vom Bauherrn als Baukosten abzubuchen ist, beträgt bei Bezugsbereitschaft am 1. April 10 Prozent, am 1. Juli 15 Prozent und am 1. Oktober 20 Prozent der Heizkosten.

Unzufrieden mit der Nebenkostenabrechnung? Während Jahren haben Sie einen Teil Ihrer Akontozahlungen zurückerhalten. Dieses Jahr hingegen sollten Sie einen happigen Betrag nachzahlen. Oder Sie finden in der Nebenkostenabrechnung neu den Posten «Serviceabonnement für Waschmaschine und Tumbler». Was tun?

Wer an der Richtigkeit einer Abrechnung zweifelt, sollte sich zuerst einmal an den Vermieter wenden. Ist die Sache – wie so oft – komplizierter als erwartet, empfiehlt sich ein Gang zur Rechtsberatungsstelle des örtlichen Mieterverbandes.

Falls Sie zwar mit den erwähnten Positionen einverstanden sind, aber die Höhe des Betrags in Zweifel ziehen, können Sie vom Vermieter Einsicht in die entsprechenden Rechnungsbelege verlangen. Ein fairer Vermieter wird Ihnen Kopien der Belege zusenden. Er kann aber darauf bestehen, dass der Mieter die Unterlagen in seinem Büro einsieht.

> **Von Fall zu Fall**
>
> **Aufgepasst bei versteckten Mietzinserhöhungen**
>
> Der Vermieter teilt Giulia Flück auf einem amtlichen Formular mit, dass sie künftig – bei unverändertem Nettomietzins – die Gebühren für Kehricht und Abwasser separat zu bezahlen habe.
>
> Giulia Flück ficht diesen Bescheid rechtzeitig an. In der Schlichtungsverhandlung wird die folgende Vereinbarung getroffen: Giulia Flück akzeptiert die neuen Nebenkosten; im Gegenzug reduziert der Vermieter den Nettomietzins der Mieterin um 40 Franken pro Monat.
>
> Haben Sie es verpasst, eine einseitige Vertragsänderung rechtzeitig anzufechten, weil Sie erst mit Erhalt der ersten Nebenkostenabrechnung merkten, dass die Vertragsänderung eine versteckte Mietzinserhöhung enthält, können Sie allenfalls trotzdem noch etwas dagegen unternehmen. Die Anforderungen an die Begründung einer solchen Vertragsänderung sind nämlich sehr hoch.
>
> Das Bundesgericht verlangt, dass Sie den Betrag, um den der Nettomietzins zu reduzieren ist, rechnerisch nachvollziehen können. Wenn die Vertragsänderung nicht so detailliert begründet wurde, ist sie nichtig, das heisst wirkungslos. Das bedeutet, dass Sie auch ohne Anfechtung nicht an die einseitige Vertragsänderung gebunden sind. Die Frage, wie Ihre Chancen stehen, mit diesem Einwand Erfolg zu haben, sollten Sie sich von einem fachkundigen Juristen beantworten lassen.

Bis zum Zeitpunkt, in dem der Vermieter Ihrer Bitte um Einsicht in die Belege nachkommt, müssen Sie die Nachzahlung noch nicht leisten. Das heisst also: Zuerst kontrollieren und erst dann bezahlen – sofern die Forderung berechtigt ist.

Befinden sich in der Abrechnung Positionen, welche im Mietvertrag nicht namentlich als Nebenkosten genannt sind, machen Sie Ihren Vermieter darauf aufmerksam und verlangen Sie eine entsprechende Korrektur (siehe Musterbrief 5, Kapitel 11).

Falls die Abrechnung der Nebenkosten nicht korrekt ist, sind die Nachbarn in der Regel genauso betroffen. Deshalb empfiehlt sich ein gemeinsames Vorgehen. Zum einen läuft man damit weniger Gefahr, sich als «Querulant» zu exponieren, zum anderen wird der Vermieter einen Brief ernster nehmen, wenn er von mehreren Mietern unterzeichnet wurde.

Sollte sich aber der Vermieter trotz schriftlicher Intervention uneinsichtig zeigen, indem er gar nicht reagiert oder an der Richtigkeit seiner Abrechnung festhält, kann man den Fall von der Schlichtungsbehörde überprüfen lassen.

Aufgepasst bei der Androhung einer Verzugskündigung wegen einer ausstehenden Nachzahlung aus der Nebenkostenabrechnung: Setzt Sie Ihr Vermieter mit der Androhung einer Verzugskündigung unter Druck, die von Ihnen in Frage gestellte Nachzahlung aus der Nebenkostenabrechnung zu bezahlen, ist eine rechtzeitige fachkundige Beratung empfehlenswert. Im

Zweifelsfall ist es ratsam, die Nachforderung unter dem Vorbehalt der Rückforderung zu begleichen, um keine Kündigung innert der 30-tägigen Frist zu riskieren. Der Mieterinnen- und Mieterverband gibt genauere Auskünfte über das richtige Vorgehen bei der Androhung einer Zahlungsverzugskündigung.

Rückforderung zu viel bezahlter Nebenkosten. Sie können zu viel bezahlte Nebenkosten selbst dann noch zurückfordern, wenn Sie den Saldo aus der Nebenkostenabrechung kommentarlos nachgezahlt oder erhalten haben. Auch wenn Sie den Fehler in der Abrechnung erst Jahre später bemerken, können Sie zu viel bezahlte Nebenkosten noch zurückfordern. Die Verjährungsfrist beträgt 5 Jahre. Ab dem Zeitpunkt, in dem Sie den Fehler entdeckt haben, müssen Sie Ihren Anspruch auf Rückforderung zu viel bezahlter Nebenkosten innert einer Frist von

Tipps

Nebenkosten: Das gilt, wenn Akontobeträge im Vertrag deutlich zu tief festgesetzt wurden

Nicht selten bringt die erste Nebenkostenabrechnung die unerfreuliche Überraschung, dass Sie einen hohen Betrag zusätzlich zu bereits geleisteten Akontobeträgen nachzuzahlen hätten. Dies ist dann der Fall, wenn die effektiven Nebenkosten deutlich höher sind als die mit den Akontobeträgen budgetierten. Es zeigt sich erst mit der Nebenkostenabrechnung, dass der Mietpreis eigentlich viel höher ist als der im Vertrag vereinbarte Bruttomietzins.

Ein Beispiel: Nachdem das dritte Kind zur Welt gekommen war, suchte Familie Tobler eine grössere Wohnung. Sie setzte sich als Schmerzgrenze einen monatlichen Mietzins von 2500 Franken im Monat. Sie mietete eine 5-Zimmer-Wohnung zu einem Mietzins von 2450 Franken. Gemäss Vertrag setzte sich dieser Mietzins aus einem Nettomietzins von 2300 Franken und einem Akontobetrag für zahlreiche Betriebskosten von 150 Franken zusammen.

In der ersten Nebenkostenabrechnung machte der neue Vermieter eine Nachforderung von über 1000 Franken geltend. Umgerechnet auf einen Monat errechnete der Vermieter Nebenkosten von 265 Franken. Die effektiven Nebenkosten betrugen somit 115 Franken mehr als der vertraglich festgesetzte Akontobetrag von 150 Franken. Familie Tobler müsste also im Monat statt der budgetierten 2450 Franken insgesamt 2565 Franken bezahlen. Familie Tobler fragt sich, ob sie die Nebenkostenabrechnung akzeptieren muss.

Obwohl mehrere kantonale Gerichte entschieden haben, dass die Abweichung der effektiven Nebenkosten von den vertraglichen Akontobeträgen nicht allzu gross sein darf (höchstens 15 bis 25 Prozent), der Vermieter also im Vertrag den Akontobetrag so anzusetzen hat, dass er ungefähr den zu erwartenden effektiven Kosten entspricht, hat das Bundesgericht anders entschieden. Akontozahlungen seien nur «vorläufige Zahlungen», sagt das höchste Gericht, und das Verhältnis von Akontozahlung und effektiven Nebenkosten sei im Gesetz nirgends geregelt. Es bestehe also «kein Anlass für die Vermutung», dass die Akontozahlungen die effektiven Nebenkosten ungefähr decken.

Fazit: Mieter riskieren, dass Vermieter zu tiefe Akontozahlungen für die Nebenkosten als Lockvogel einsetzen.

Frage

Muss jeder Mieter gleich viel Nebenkosten bezahlen?

Die 68-jährige Louise Hertig wohnt in einer 2-Zimmer-Wohnung im Parterre. Im gleichen Haus gibt es noch eine 4-Zimmer-Wohnung und vier 3-Zimmer-Wohnungen. Vor kurzem hat die Rentnerin erfahren, dass die Heiz- und Nebenkosten – unabhängig von der Wohnungsgrösse – gleichmässig auf die sechs Parteien verteilt werden. Muss jeder Mieter gleich viel Nebenkosten bezahlen?

Nein. Lediglich die sogenannten neutralen Kosten dürfen gleichmässig auf die Wohnparteien verteilt werden – so etwa Hauswartkosten, Gartenunterhalt, Allgemeinstrom und Fernsehanschlussgebühren. Verbrauchsbedingte Kosten – dazu gehören Heizöl, Wasser, Abwasser und Kehrichtgebühren – müssen nach einem sachlich begründeten Verteilschlüssel abgerechnet werden. Möglich ist eine Aufteilung nach Anzahl der Zimmer oder nach Wohnungsgrösse. Ideal sind individuelle Zähler für Heizung und Wasserverbrauch. Louise Hertig kann vom Vermieter also einen fairen Verteilschlüssel verlangen. Weigert er sich, kann sie sich an die Schlichtungsstelle für Mieter wenden. Das Verfahren ist kostenlos.

einem Jahr auf dem Rechtsweg geltend machen.

Viele Mietverträge sehen für Einwände gegen Nebenkostenabrechnungen eine bestimmte Frist – in der Regel 30 Tage – vor. Selbst wenn Sie innert dieser Frist nicht reagiert haben, können Sie noch auf die Abrechnung zurückkommen. Ein Beispiel: Frau Küng lässt sich wegen einer Vertragsänderung des Vermieters betreffend Ausgliederung neuer Nebenkosten rechtlich beraten. Der Berater bemerkt dabei, dass Frau Küng jahrelang Kehrichtgebühren in der Nebenkostenabrechnung verrechnet wurden, obwohl diese Position im Mietvertrag nicht unter den Nebenkosten erwähnt ist. Frau Küng ist dieser Fehler bisher nicht aufgefallen; sie hat auf eine korrekte Abrechnung der Liegenschaftenverwaltung vertraut. Der Berater empfiehlt Frau Küng, die zu viel bezahlten Kehrichtgebühren vom Vermieter zurückzuverlangen.

Kann der Vermieter die Nebenkosten ändern? Steigen die Betriebskosten, wird der Vermieter die vereinbarten Akonto- oder Pauschalbeträge erhöhen wollen. Oder er wird versuchen, neue, bisher im Nettomietzins inbegriffene Nebenkosten einzuführen. Oder er wandelt Pauschalen in Akontozahlungen um.

Der Vermieter muss diese Vertragsänderungen auf einem amtlichen Formular mitteilen und begründen – genauso wie er es bei Mietzinserhöhungen tun muss. Vertragsänderungen können bei der Schlichtungsbehörde angefochten werden.

Ganz generell darf eine Änderung der Nebenkostenvereinbarungen nicht zu einer versteckten Mietzinserhöhung führen (siehe Kasten Seite 34).

3 Nebenkosten

4 Zins und Miete sind im Fluss
Was tun bei einer Mietzinserhöhung?

Im Mieterland Schweiz sind die Wohnungen im internationalen Vergleich ausserordentlich teuer. Zudem steigt der Mietpreisindex wesentlich schneller als die übrigen Konsumentenpreise in der Schweiz. Sobald die Hypothekarzinsen steigen, steht eine neue Welle von Mietpreiserhöhungen bevor.

In der Schweiz leben 7 von 10 Einwohnern in einer Mietwohnung. Weil das Angebot knapper ist als die Nachfrage und damit der Leerwohnungsbestand sehr tief ist, sind Mieter und Mieterinnen dem rauen Preisklima fast wehrlos ausgesetzt. Umso wichtiger ist es, die eigenen Rechte als Mieter genau zu kennen, um wenigstens die ungerechtfertigten Mietzinserhöhungen anfechten zu können.

Wozu verwendet der Vermieter den Mietzins, den er von den Mietern erhält? Der Mietzins verteilt sich auf drei Positionen:

■ Hypothekarzinsen: Das Kapital, das der Vermieter bei Banken oder Versicherungen zur Finanzierung des Kaufs oder der Baukosten aufgenommen hat, muss er verzinsen.

■ Betriebs- und Unterhaltskosten: Darunter fallen Kosten für den Unterhalt (Erneuerungen und Reparaturen) sowie Gebühren und Abgaben (Steuern, Versicherung, Wasser, eventuell Abwasser usw.).

■ Verzinsung des Eigenkapitals: Der Vermieter hat für den Bau oder Kauf des Gebäudes auch eigenes Vermögen investieren müssen; dies will ebenfalls verzinst sein. Die Verzinsung des Eigenkapitals (die Nettorendite, siehe auch Kasten Seite 41) ist also der Ertrag, den der Vermieter aus der Vermietung löst.

Je höher die Nettorendite, desto mehr verdient der Vermieter. Ist die Nettorendite zu hoch, verdient der Vermieter zu viel. Dann spricht man von missbräuchlichen Mietzinsen.

Dem Vermieter wird von den Gerichten zugestanden, dass er das investierte Vermögen zu einem Satz verzinsen kann, der 0,5 Prozent über dem Referenzzinssatz liegt. Befindet sich dieser Zinssatz beispielsweise bei 2,5 Prozent, kann der Vermieter eine Verzinsung seines Eigenkapitals von 3 Prozent beanspruchen.

Um zu beurteilen, ob ein Mietzins missbräuchlich ist, muss man also in Erfahrung bringen, wie viel Eigen-

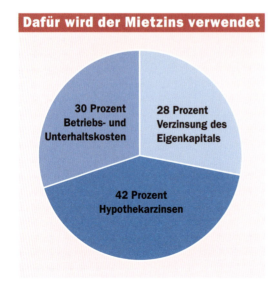

Dafür wird der Mietzins verwendet

- 30 Prozent Betriebs- und Unterhaltskosten
- 28 Prozent Verzinsung des Eigenkapitals
- 42 Prozent Hypothekarzinsen

kapital der Vermieter investiert hat. Darauf gilt es, den Ertrag zu ermitteln (Mietzinseinnahmen minus Unkosten), und schliesslich wird ausgerechnet, welche Nettorendite aus diesem Ertrag resultiert.

Die Überprüfung einer Mietzinsanpassung, indem die Nettorendite ermittelt wird, hat in den letzten Jahren an Bedeutung gewonnen. Nicht selten wehren sich nämlich die Vermieter gegen eine Mietzinsherabsetzung wegen des gesunkenen Referenzzinssatzes mit dem Argument, ihr Ertrag sei ungenügend.

Die Berechnung der Nettorendite im konkreten Einzelfall ist kompliziert und aufwendig. Wir verzichten deshalb in diesem Ratgeber darauf, die Ertrags- bzw. Nettorenditeberechnung im Detail aufzuzeigen. Sollte sich diese Frage stellen, kommt man nicht um eine ausführliche Rechtsberatung herum.

Ob ein Mietzins missbräuchlich ist, interessiert ja normalerweise nur dann, wenn er sich verändert – sei es nach oben oder nach unten:
- Entweder Sie wollen wissen, ob der Vermieter eine Mietzinserhöhung zu Recht verlangt hat
- oder es interessiert Sie, ob Sie Anspruch auf eine Senkung des Mietzinses haben (siehe Kapitel 5).

Die Mietzinserhöhung. Der Referenzzinssatz liegt im Zeitpunkt der Drucklegung der vorliegenden Auflage auf dem historischen Tief von 1,5 Prozent (Stand April 2018). Steigt er wieder an, wird sich die Frage des missbräuchlichen Mietzinses in den nächsten Jahren vor

In diesem Kapitel

- 39 Die Mietzinserhöhung
- 42 Formular für Mietzinsänderungen
- 43 Drei Beispiele zum Referenzzinssatz
- 45 Die missbräuchliche Mietzinserhöhung
- 46 Mietzinserhöhung wegen gestiegener Unterhaltskosten und Abgaben
- 46 Mietzinserhöhung aufgrund der Teuerung
- 47 Mietzinserhöhung aufgrund des gestiegenen Referenzzinssatzes
- 49 Keine Erhöhung, weil der Mietzins bisher schon missbräuchlich war
- 50 Der Mietzinsvorbehalt
- 51 Dies muss man über Vorbehalte wissen
- 52 Mietzinserhöhung nach Hausverkauf
- 53 Anpassung an die orts- und quartierüblichen Mietzinse
- 54 Indexklausel und Staffelmiete
- 55 Was passiert bei wertvermehrenden Investitionen?

allem bei Mietzinserhöhungen stellen.

Noch eine grundsätzliche Bemerkung: Weder die Gerichte noch andere Behörden kontrollieren von sich aus, ob ein Mietzins missbräuchlich ist oder nicht. Es liegt also alleine am Mieter, dem Vermieter auf die Finger zu schauen und allenfalls eine Mietzinserhöhung bei der Schlichtungsbehörde anzufechten (Details zum Anfechtungsverfahren siehe Kapitel 5).

Es kommt vor, dass Mietzinserhöhungen fehlerhaft mitgeteilt werden. Bevor man sich fragt, ob eine Erhöhung überhaupt gerechtfertigt ist, lohnt es sich, Folgendes abzuchecken:

Wurde die Mietzinserhöhung auf einem amtlichen Formular (siehe Mitteilungsformular Seite 42) mitgeteilt? Wenn nein, ist die Erhöhung nichtig. Die Verwendung des amtlichen Formulars ist für alle Vermieter obligatorisch, also auch für Untervermieter eines Einzelzimmers oder für einen neuen Hausbesitzer.

So teilt die Wohn AG der Mieterin Karin Reusser mit, man habe soeben die Liegenschaft gekauft, in der Karin Reusser wohnt. Dem Schreiben legt die Wohn AG einen neuen Mietvertrag bei, der einen um 80 Franken höheren Mietzins bringt. Karin Reusser unterschreibt den Vertrag und zahlt künftig den höheren Mietzins.

Musste Reusser den erhöhten Mietzins akzeptieren? Nein. Die Mietzinserhöhung ist nichtig, sie kann die 80 Franken pro Monat vom neuen Vermieter zurückverlangen. Denn dem Schreiben lag kein amtliches Formular bei.

Das Formular muss zudem richtig und vollständig ausgefüllt sein (alter und neuer Mietzins samt Nebenkosten, Zeitpunkt der Erhöhung, klare Begründung der Erhöhung, Unterschrift des Vermieters). Zudem muss das Formular Angaben darüber enthalten, wie und wo die Erhöhung angefochten werden kann.

Mit dem amtlichen Formular müssen nicht nur Mietzinserhöhungen, sondern auch andere Vertragsänderungen zuungunsten des Mieters mitgeteilt werden – zum Beispiel neue Nebenkosten oder der Entzug eines Estrichs.

Wer eine Mietzinserhöhung ohne amtliches Formular erhält, sollte dem Vermieter mit eingeschriebenem Brief mitteilen, dass die Erhöhung in dieser Form ungültig sei. Dabei ist es nicht verboten, sich mit der Mitteilung so viel Zeit zu lassen, dass der Vermieter die Mietzinserhöhung erst auf den übernächsten Kündigungstermin vornehmen kann.

Auf dem amtlichen Formular muss der Vermieter die Mietzinserhöhung klar begründen. Er kann aber auch auf ein Begleitschreiben verweisen, das die klare Begründung enthält. Der Vermieter ist an seine Begründung gebunden; er kann also in einem allfälligen Anfechtungsverfahren nicht andere Erhöhungsgründe nachschieben. So kann sich der Vermieter später weder auf orts- und quartierübliche Mietzinse noch auf die Teuerung berufen, falls er die Mietzinserhöhung zuvor nur mit dem gestiegenen Referenzzinssatz begründet hatte.

Auch wenn die Begründung manchmal in komplizierten Formulierungen daherkommt, geht es in

---

Ausnahmen

Andere Bestimmungen für subventionierte Wohnungen

Die Ausführungen in Kapitel 4 gelten für gewisse Typen von Mietwohnungen nicht:

Für **subventionierte Wohnungen**, deren Mietzinse von den Behörden kontrolliert werden (zum Beispiel viele Genossenschaftswohnungen), gelten andere Bestimmungen. Ebenso für **Ferienwohnungen**, die für höchstens drei Monate gemietet werden, sowie für **luxuriöse Wohnungen** und **Einfamilienhäuser mit sechs oder mehr Räumen** und **Luxuseinrichtungen** wie kostbare Ausstattung, Schwimmbad, mehrere Badezimmer usw.

den meisten Fällen um diese drei Kostenfaktoren:
- gestiegener Referenzzinssatz
- Teuerungsausgleich auf das Eigenkapital (oft als «Kaufkraftsicherung des risikotragenden Kapitals» bezeichnet)
- gestiegene Unterhalts- und Betriebskosten (auch «übrige Kostensteigerungen» oder «Anpassung an Kostenstand» genannt).

In der Regel werden Mietzinserhöhungen per Einschreiben an die Mieter verschickt. Der Vermieter muss die Mietzinserhöhung so frühzeitig verschicken, dass sie mindestens 10 Tage vor Beginn der Kündigungsfrist beim Mieter eintrifft. Da ein Einschreiben während 7 Tagen bei der Post abgeholt werden kann, sollte der Vermieter die Mietzinserhöhung mindestens 17 Tage vor Beginn der Kündigungsfrist bei der Post aufgeben. Mit dieser Regel soll dem Mieter eine zehntägige Bedenkfrist eingeräumt werden, damit er rechtzeitig kündigen kann, falls er die Erhöhung weder anfechten noch akzeptieren will.

Beispiel: Der Mietvertrag sieht eine 3-monatige Kündigungsfrist auf Ende September und Ende März vor. Dem Mieter muss die Mietzinserhöhung deshalb spätestens am 20. Juni oder am 21. Dezember zugehen. Doch was geschieht, wenn jemand es versäumt, den Brief abzuholen (etwa weil er in den Ferien ist)? In diesem Fall gilt der letzte Tag der siebentägigen Abholfrist als Empfangstag.

So wollte der Vermieter von Markus Traber den Mietzins auf den vertraglichen Kündigungstermin des 30. Juni erhöhen. Bei einer vertraglichen Kündigungsfrist von vier Monaten hätte Markus Traber bis spätestens 18. Februar (ausser es wäre ein Schaltjahr, dann 19. Februar) im Besitz des Formulars sein sollen. Da Markus Traber den eingeschriebenen Brief erst am 20. Februar bei der Post abholte, ist die Mietzinserhöhung erst auf den 30. September (den übernächsten Kündigungstermin) wirksam.

Weil das Ausmass der Erhöhung gerade noch akzeptabel ist, wird

Fortsetzung auf Seite 45

> ### Lexikon
>
> ### Nettoertrag des Vermieters
> Der Nettoertrag des Vermieters entspricht seinem jährlichen «Gewinn» aus den gesamten Mietzinseinnahmen, und zwar nach Abzug aller Kosten (Fremdkapitalkosten, insbesondere Hypothekarzinsen; Unterhalts- und Betriebskosten, soweit nicht vom Mieter separat als Nebenkosten bezahlt).
>
> ### Investiertes Eigenkapital des Vermieters
> Das investierte Eigenkapital des Vermieters bestimmt sich aufgrund der tatsächlichen Anlagekosten (Baulanderwerbs- und Erstellungskosten oder Kaufpreis der Liegenschaft), von dieser Summe wird das investierte Fremdkapital (insbesondere Hypotheken, aber auch anderes Fremdkapital) abgezogen.
>
> ### Nettorendite des Vermieters
> Die Nettorendite beschreibt das Verhältnis zwischen Nettoertrag und investiertem Eigenkapital. Die zulässige Rendite darf um 0,5% höher sein als der geltende Referenzzinssatz. Die genaue Formel lautet:
>
> $$\frac{\text{Nettoertrag} \times 100}{\text{Eigenkapital}} = \text{Nettorendite}$$

Mitteilungsformular für Mietzinsänderungen

Vermieter/Vermieterin
Bau AG
Bärengasse 12
3000 Bern

Mieter/Mieterin
Frau
Gertrud Karrer
(Adresse)

Mietobjekt (Zimmerzahl, Adresse, Stock)

1. Mietzinsänderung   **Bisher:**   **Neu ab:** 1. November 2007
Mietzins (ohne Nebenkosten)   Fr. 1000.–   Fr. 1072.–
Nebenkosten Heizung/Warmwasser   Fr. 70.–   Fr. 70.–
                                                Fr. 1142.– monatlich

Begründung der Änderung: Kaufkraftsicherung des risikotragenden Kapitals (Teuerung) seit Juli 2004 (Indexanstieg von 104 auf 107 Punkte); 40 % von 2,9 % = 1,15 %; gestiegene Kosten für Unterhalt usw. seit Juli 2004: 3 %; Hypothekarzinsanstieg von 2,75 % auf 3 % : 3 %. Total 7,15 %

2. Andere Vertragsänderungen
Umschreibung der Vertragsänderung _____
_____
Zeitpunkt des Inkrafttretens der Vertragsänderung _____
Begründung der Vertragsänderung _____
_____
_____

Diese Mietzinsänderung bzw. Vertragsänderung kann **innert 30 Tagen** seit Empfang der Mitteilung beim Mietamt der Gemeinde als missbräuchlich angefochten werden; andernfalls gilt sie als angenommen.

Die Adresse des Mietamtes kann dem Telefonbuch entnommen oder bei der Gemeindeverwaltung erfragt werden.

Ort und Datum: Vermieter/Vermieterin:
   (Name und Unterschrift)

Bern, 17. Juli 2007   _____

Hinweise auf der Rückseite
Herausgeber: Kantonalverband bernischer Haus- und Grundeigentümervereine
Schweizerischer Verband der Immobilientreuhänder SVIT Sektion Bern

Nachdruck verboten   (Formular genehmigt durch das Kant. Amt für Wohnungswesen, Bern, *Datum*)

Die Mietzinserhöhung

Auf und Ab des Referenzzinssatzes: Die Folgen – anhand von drei Beispielen

Beispiel 1: Gertrud Karrer hat in Bern seit dem 1. September 2004 eine 3-Zimmer-Wohnung gemietet. Der Mietzins beträgt seit Mietbeginn unverändert Fr. 1000.–.

Gertrud Karrer erhält am 18. Juli 2007 eine Ankündigung für die Mietzinserhöhung (siehe «Mitteilungsformular» links). In der Rechtsberatung wird ihre Mietzinserhöhung Punkt für Punkt geprüft.

1 Handelt es sich um ein amtliches Formular mit allen Angaben und klarer Begründung? Ja.

2 Frist und Termin: Gemäss Mietvertrag ist Ende Oktober ein Kündigungstermin. Die vertragliche Kündigungsfrist von drei Monaten beginnt am 1. August. Da Gertrud Karrer die Mietzinserhöhung noch vor der zehntägigen Bedenkfrist erhalten hat, ist die Mitteilung rechtzeitig erfolgt.

3 Hypothekarzins: Die Berner Kantonalbank erhöhte den Hypothekarzins per 15. März 2007 von 2¾ auf 3 Prozent.

Allerdings hat der Vermieter Gertrud Karrer die zwischenzeitliche Hypothekarzinssenkung auf den 1. Juni 2006 von 3 auf 2,75 Prozent nicht weitergegeben. Ihr Mietzins basiert deshalb immer noch auf 3 Prozent, dem bei Mietzinsbeginn gültigen Hypozinssatz.

Die beanspruchten 3 Prozent Mietzinserhöhung unter dem Titel Hypothekarzins sind deshalb nicht gerechtfertigt.

4 Teuerung: Der Vermieter kann die seit Vertragsbeginn aufgelaufene Teuerung im Umfang von 40 Prozent auf den Mietzins abwälzen. Der Landesindex der Konsumentenpreise ist um 3 Punkte von 104 auf 107 Punkte angestiegen. Die Teuerung berechnet sich demnach wie folgt:

$$\frac{3 \text{ Punkte} \times 100}{104} = 2{,}88$$

Davon können maximal 40 Prozent auf den Mietzins abgewälzt werden. 40 Prozent von 2,88 ergeben einen möglichen Aufschlag von 1,15 Prozent. Das ist in Ordnung.

5 Unterhalt und Abgaben: In der Rechtsberatung wird Karrer erklärt, dass sich die Anwendung von Pauschalen aktuell in Bewegung befinde. Wegen der flachen Teuerungskurve und dem stagnierenden Baukostenindex wird ihr empfohlen, für die Unterhaltskostensteigerung nur 0,5 Prozent Erhöhung pro Jahr zu akzeptieren. Für die drei Jahre seit Mietbeginn ergibt dies eine Erhöhung um 1,5 Prozent (statt der vom Vermieter angesetzten 3 Prozent).

6 Total hat der Vermieter also eine Mietzinserhöhung um 2,65 Prozent zugut (1,15 % Teuerungsausgleich + 1,5 % Unterhalt und Abgaben). Daraus resultiert eine zulässige Erhöhung um Fr. 27.– auf Fr. 1027.–. Der Vermieter verlangt also Fr. 45.– zu viel (er wollte eine Steigerung um 7,15 %).

Fazit der Überprüfung: Gertrud Karrer sieht keinen Anlass, auf die Anfechtung der Mietzinserhöhung zu verzichten. Deshalb reicht sie beim Mietamt der Stadt Bern rechtzeitig das ausgefüllte Anfechtungsformular ein (siehe auch Kapitel 5).

Beispiel 2: Familie Ineichen bezog am 1. Oktober 2001 in Zürich eine 4-Zimmer-Wohnung. Der Mietzins beträgt seit Mietbeginn unverändert Fr. 2000.–. Als die Zürcher Kantonalbank den Hypothekarzinssatz senkte (von 4,25 auf 3 % in mehreren Schritten), teilte der Vermieter jeweils mit amtlichem Formular mit, der Mietzins bleibe unverändert, weil die Rendite ungenügend sei. Im Mai 2008 erhalten die Ineichens nun eine Mietzinserhöhung: Auf den 1. Oktober 2008 soll der Mietzins um 6 Prozent aufschlagen.

Der Vermieter begründet dies mit dem Anstieg des Hypothekarzinses von 3 auf 3,5 Prozent.

Familie Ineichen fragt sich, ob diese Erhöhung zulässig sei. In der Beratung wird ihr empfohlen, die Mietzinserhöhung anzufechten: Da der Vermieter den Mietzins aufgrund des gesunkenen Hypothekarzinses nicht herabgesetzt hat, darf er nun auch nicht aufschlagen. Ihr Mietzins beruht immer noch auf dem Hypothekarzins von 4,25 Prozent, der zum Zeitpunkt des Vertragsabschlusses galt. Entsprechend steht ihnen grundsätzlich eine Mietzinssenkung zu (Anpassung an Hypothekarzinsstand von 3,5 %).

Aufgrund der Beratung ficht die Familie die Mietzinserhöhung nicht nur an, sondern verlangt in ihrer Eingabe an die Schlichtungsbehörde gleichzeitig eine Herabsetzung des Mietzinses.

Anlässlich der Schlichtungsverhandlung zeigt sich, dass der Vermieter bei seiner Berechnung der Nettorendite von einer Verkehrswertschätzung der Liegenschaft ausgegangen ist. Die Schlichtungsbehörde erklärt dem Vermieter, dass dies nicht statthaft sei. Auf der Grundlage der tatsächlichen Anlagekosten ergebe sich ein übersetzter Ertrag.

Gestützt auf diese Erläuterung der Rechtslage erklärt sich der Vermieter bereit, der Familie Ineichen eine Mietzinsherabsetzung um 2,2 Prozent beziehungsweise Fr. 44.– im Monat zu gewähren.

Fazit: Familie Ineichen hat mit der Anfechtung eine stattliche Mietzinssenkung erreicht. Hätte sie die Mietzinserhöhung akzeptiert, die mit dem Hypothekarzinsanstieg auf 3,5 Prozent begründet worden war, hätte sie auch nicht von den Hypozinssenkungen profitieren können, die ihr früher vorenthalten worden waren.

Beispiel 3: Das Ehepaar Vontobel wohnt seit 1999 zur Miete in einer 3-Zimmer-Wohnung in Chur. Letztmals wurde der Mietzins auf den 1. Oktober 2000 auf Fr. 1350.– erhöht. Der Mietzins basierte damals auf einem Hypothekarzinsstand von 4,5 Prozent, Teuerung sowie Unterhalt und Abgaben angepasst bis Ende Mai 2000.

Auf den 1. April 2004 teilte der Vermieter eine Mietzinssenkung auf Fr. 1270.– mit. Grund: der auf 3,75 Prozent gesunkene Hypothekarzinssatz. Darin enthalten ist eine Erhöhung (Verrechnung) für Teuerung und gestiegene Unterhaltskosten.

Im Dezember 2007 erhalten Vontobels eine Mietzinserhöhung auf den 1. April 2008: Der Vermieter will den Mietzins auf Fr. 1370.– anheben, wobei er sich auf den gestiegenen Hypothekarzins (von 3 auf 3,25 %) beruft sowie auf die gestiegene Teuerung und auf höhere Unterhaltskosten.

Auch das Ehepaar Vontobel lässt diese Mietzinserhöhung überprüfen: Zuerst stellt die Rechtsberaterin fest, dass der Vermieter die Hypozinssenkung per 1. April 2004 korrekt weitergegeben hatte. Sie bemerkt aber, dass eine Erhöhung wegen des gestiegenen Hypothekarzinssatzes nicht gerechtfertigt ist, weil die Hypothekarzinssenkung von 3,75 auf 3 Prozent nicht weitergegeben wurde. Familie Vontobel bekommt deshalb den Rat, die Mietzinserhöhung bei der Schlichtungsbehörde anzufechten.

Die Schlichtungsbehörde kommt zum Schluss, dass eine Erhöhung nicht gerechtfertigt ist (unter Berücksichtigung der nicht weitergegebenen Hypothekarzinssenkung) und dass sogar noch ein Senkungspotenzial besteht.

Fazit: Die Parteien treffen einen Vergleich, worin der Vermieter seine Mietzinserhöhung zurückzieht und sich gleichzeitig verpflichtet, den Mietzins erst wieder zu erhöhen, wenn der Hypothekarzins über den Satz von 3,75 Prozent angestiegen ist.

Fortsetzung von Seite 41

Markus Traber in der Beratung empfohlen, dem Vermieter mit einem freundlichen, aber eingeschriebenen Brief die Verspätung der Mietzinserhöhung mitzuteilen. Fazit: Bis September muss Markus Traber nun den alten Mietzins bezahlen.

Beachten Sie, dass die 30-tägige Frist zur Anfechtung der Mietzinserhöhung immer – auch bei verspäteter Mitteilung – ab Empfang der Mietzinserhöhung läuft.

Wann ist eine Mietzinserhöhung missbräuchlich? Bei der Beantwortung dieser Frage ist folgender Grundsatz zu beachten:

Der Vermieter darf nur diejenigen Kostensteigerungen abwälzen, die seit der letzten verbindlichen Mietzinsfestsetzung eingetreten sind. Man spricht hier von der «relativen Berechnungsmethode».

Die Frage lautet dabei: Auf welchem Kostenstand (Stand Referenzzinssatz, Teuerungsindex und übrige Kostensteigerungen) basiert der Mietzins? Inwiefern haben sich diese Faktoren in der Zwischenzeit verändert?

In aller Regel muss man von der letzten Mietzinserhöhung ausgehen oder – falls bisher keine Mietzinserhöhung erfolgte – vom Mietvertrag, vom letzten Vergleich oder vom letzten Gerichtsurteil. Der Kostenstand, der also zu jenem Zeitpunkt gültig war, bildet nun die Grundlage für die Berechnung der Mietzinserhöhung.

Mitteilungen des Vermieters, wonach der Mietzins trotz gesunkenem Referenzzins unverändert bleibe, bilden keine verbindliche Mietzinsfestsetzung. Dabei spielt es keine Rolle, ob die Mitteilung auf amtlichem Formular gemacht wurde oder nicht – der darin angegebene Kostenstand sollte nicht beachtet werden.

Die Mietzinserhöhung berechnet sich auf der Grundlage der Kostensteigerungen entweder

■ seit dem Zeitpunkt, als der Mietvertrag abgeschlossen wurde,

■ oder seit dem Zeitpunkt, als die letzte Mietzinserhöhung mitgeteilt wurde,

■ oder seit der letzten Mietzinsfestlegung in einem Vergleich oder in einem Gerichtsurteil.

Wie die Mietzinserhöhung konkret berechnet werden muss, wird im Folgenden für jeden einzelnen massgebenden Kostenfaktor erläutert.

Tipp

Vorsicht mit informellen Einigungen

Was soll man unternehmen, wenn man eine Mietzinserhöhung ohne amtliches Formular akzeptiert hat? Eine solche Erhöhung ist ganz allgemein ungültig – auch wenn Sie diese mündlich oder schriftlich akzeptiert haben!

Falls man sich aber ausdrücklich und ohne jeden Kündigungsdruck mit dem Vermieter auf einen höheren Mietzins einigt, liegt möglicherweise keine Mietzinserhöhung vor, sondern eine Mietvertragsänderung «im gegenseitigen Einverständnis». Eine solche wäre kaum anfechtbar.

Deshalb: Vorsicht, wenn der Vermieter – ohne Formular – einen höheren Mietzins aushandeln will; vielleicht ist etwas faul. Falls bereits unterschrieben wurde: Im Zweifelsfall lässt man sich besser beraten, ob die höhere Miete wirklich bezahlt werden muss.

---

4 Mietzinserhöhung

Lexikon

Relative Berechnungsmethode für die Mietzinserhöhung

Der Vermieter darf nur diejenigen Kostensteigerungen auf den Mietzins abwälzen, die seit der letzten verbindlichen Mietzinsfestsetzung eingetreten sind. Diese Methode zur Berechnung einer Mietzinserhöhung nennt sich «relative Berechnungsmethode».

Mietzinserhöhung wegen gestiegener Unterhaltskosten und Abgaben. Der Vermieter kann gestiegene Kosten für Reparaturen und Erneuerungen sowie für Abgaben und Gebühren auf den Mietzins abwälzen. Das Bundesgericht verlangt jedoch, dass der Vermieter die Kostensteigerungen konkret belegt (Handwerkerrechnungen, Versicherungsprämien usw.). Er darf nur dann eine Erhöhung verlangen, wenn die durchschnittlichen Kosten im Verlauf der letzten Jahre tatsächlich angestiegen sind.

Pauschale Erhöhungssätze (z.B. ¾ Prozent pro Jahr) lässt das Bundesgericht nicht gelten. Doch einige Schlichtungsbehörden missachten (vorläufig noch?) diese klare Rechtsprechung und gestatten Vermietern ohne nähere Prüfung eine pauschale Erhöhung (Bern und Zürich: in der Regel 0,5 Prozent). Skepsis gegenüber Pauschalen ist besonders dann angebracht, wenn die Baukosten (gemäss Baukostenindex) stabil sind. Oder bei Neubauten. Oder wenn der Vermieter das Mietobjekt schlecht unterhält. Oder wenn der Mieter sämtliche möglichen Nebenkosten (Heizung, Warmwasser, Wasser, Abwasser, Kehricht, Allgemeinstrom, Serviceabonnemente für Lift und Waschmaschine, Tumbler, Hauswartung, TV usw.) separat bezahlt, das heisst, diese als Nebenkosten vereinbart wurden. Oder wenn es sich um ein relativ teures Mietobjekt handelt.

Mietzinserhöhung aufgrund der Teuerung. Das Gesetz erlaubt es dem Vermieter, den Ertrag seines investierten Eigenkapitals der Teuerung anzupassen. Wie bei der Erhöhung des Referenzzinssatzes kommt auch hier eine Pauschale zur Anwendung.

Der Vermieter muss also die Höhe des Eigenkapitals und damit den effektiven Kaufkraftverlust nicht belegen. In der Annahme, dass der Vermieter im Durchschnitt 40 Prozent des Gesamtkapitals mit eigenen Mitteln finanziert, darf er bis zu 40 Prozent der Teuerung auf den Mietzins abwälzen.

Zur Erinnerung: Im Regelfall (wenn der Vermieter keinen gültigen Vorbehalt angebracht hat) ist nur die Teuerung seit der letzten Mietzinsfestsetzung zu berücksichtigen. Um den Teuerungsausgleich zu ermitteln, konsultieren Sie die Tabelle des Landesindexes der Kon-

Info

So wirkt sich die Erhöhung des Referenzzinssatzes auf die Miete aus

Erhöhung Referenzzinssatz (RZS):	Zulässige Mietzinserhöhung pro RZS-Änderung um 0,25 %:
RZS unter 5%	3%
RZS zwischen 5 und 6%	2,5%
RZS über 6%	2%

sumentenpreise (Kapitel 12) und errechnen die seit der letzten Mietzinsfestsetzung entstandene Teuerung. Davon können maximal 40 Prozent auf den Mietzins geschlagen werden.

Diese Regelung des Teuerungsausgleichs für das Eigenkapital ist nicht unumstritten: Das Gesetz erlaubt dem Vermieter nämlich, «höchstens» 40 Prozent der Teuerung auf den Mietzins abzuwälzen. In der Praxis wird dieses Maximum aber fast immer gewährt – obwohl bei näherer Betrachtung die meisten Vermieter mit einer Überwälzung von 28 Prozent sehr gut bedient wären (siehe Grafik Seite 38).

In vielen Fällen wäre ein noch tieferer Ansatz angebracht – etwa bei hoher Hypothekarbelastung und/oder bei hohem Zinsniveau.

Die Gerichte halten mit ihrer grosszügigen Praxis nicht nur die Inflation in Schwung, sondern schenken den Vermietern jedes Jahr viele Millionen Franken. Das Geschenk wird von den Mietern berappt.

Mietzinserhöhung aufgrund des gestiegenen Referenzzinssatzes.

Hat sich seit der letzten Mietzinsanpassung der Referenzzinssatz (RZS) erhöht, darf der Vermieter den Mietzins maximal um einen genau festgelegten Satz erhöhen (siehe Tabelle Seite 54).

Beispiel: Wurde der Referenzzinssatz von 2,75 auf 3,25 Prozent erhöht, beträgt die zulässige Mietzinserhöhung also 2 x 3 Prozent (siehe Punkt 3 auf Seite 43).

Um mühsame Diskussionen und Rechenspiele zu vermeiden, werden diese Erhöhungssätze dem Vermieter stets pauschal zugestanden; seine persönlichen Zinslasten werden also nicht berücksichtigt.

■ Seit knapp zehn Jahren gilt für die ganze Schweiz ein Referenzzinssatz, der vierteljährlich vom Bundesamt für Wohnungswesen erhoben und veröffentlicht wird. Der Referenzzinssatz ergibt sich aus dem Durchschnitt aller Hypotheken in der Schweiz. Ob also der Vermieter bei seiner Bank einen höheren oder tieferen Zins zahlen muss, spielt keine Rolle. Beispiel: Ein Vermieter hat seit 2005 eine Festhypothek zu 2¾ %. Dennoch darf er die pauschalen Erhöhungen vornehmen – obwohl er mit seiner Festhypothek von den Hyporunden gar nicht betroffen ist.

Info

Berechnung des Referenzzinssatzes

Für die Mietzinsgestaltung wird in der ganzen Schweiz auf einen einheitlichen Referenzzinssatz abgestellt. Er hat die früher in den einzelnen Kantonen massgebenden Zinssätze für variable Hypotheken ersetzt und gilt seit dem 10.9.2008.

Der Referenzzinssatz sowie der zugrunde liegende Durchschnittszinssatz werden vierteljährlich durch das Bundesamt für Wohnungswesen (www.bwo.admin.ch) publiziert und stützen sich auf den hypothekarischen Durchschnittszinssatz der Banken in der Schweiz.

Ein neuer Referenzzinssatz ergibt sich, sobald sich der Durchschnittssatz für inländische Hypothekarforderungen um 0,25 % geändert hat. Bei einem ursprünglichen Durchschnittssatz von beispielsweise 3,46 % und einem daraus resultierenden Referenzzinssatz von 3,5 % erfolgt eine Anpassung, sobald der Durchschnittssatz entweder auf den Wert von mindestens 3,71 % gestiegen (neuer Referenzzinssatz = 3,75 %) oder auf höchstens 3,21 % (neuer Referenzzinssatz = 3,25 %) gesunken ist.

4 Mietzinserhöhung

- Unerheblich ist es auch, wie hoch die hypothekarische Belastung der Liegenschaft ist. Selbst wenn der Vermieter alle Hypotheken zurückgezahlt hat, darf er den Mietzins genauso heraufsetzen wie jener Vermieter, der das Haus bis unter das Dach belehnt hat.
- Der Vermieter kann sich nicht auf die höheren Sätze für Neuhypotheken berufen.

Sobald ein Vermieter eine Mietzinserhöhung mit gestiegenem Hypozins begründet, sollte man als Erstes überprüfen, ob frühere Senkungen des Referenzzinssatzes korrekt weitergegeben wurden.

Der Grundsatz lautet: Führte eine frühere Senkung des Referenzzinssatzes überhaupt nicht zur Senkung des Mietzinses (oder aber in ungenügendem Umfang), berechtigt der spätere Anstieg des Referenzzinssatzes nicht (oder nicht in vollem Umfang) zu einer Mietzinserhöhung.

Dazu ein Beispiel: Der Vermieter teilte im Juni 2011 eine Mietzinserhöhung mit, die er damit begründete, dass er anlässlich einer Renovation wertvermehrende Investitionen tätigte; diese Mietzinserhöhung blieb unangefochten. Für die Berechnung der nächsten Mietzinsanpassung (Erhöhung oder Herabsetzung) ist nun nicht vom Referenzzinssatz auszugehen, der im Juni 2011 galt. Der Mieter kann sich nämlich darauf berufen, dass die Hypozinssenkungen zwischen 2008 und Juni 2011 ebenfalls noch zu berücksichtigen sind.

Allerdings kennt auch dieser Grundsatz wieder Ausnahmen. In folgenden drei Fällen kann der Referenzzinssatz, welcher der letzten Mietzinsanpassung zugrunde liegt, auch dann nicht mehr in Frage gestellt werden, wenn dabei frühere Senkungen des Referenzzinssatzes nicht oder unvollständig berücksichtigt wurden:

- Eine Mietzinserhöhung, die mit einem Anstieg des Referenzzinssatzes begründet worden war, blieb in der Folge unangefochten.

- Vermieter und Mieter hatten sich im Zusammenhang mit einer strittigen Mietzinsanpassung (egal ob gerichtlich oder aussergerichtlich) auf einen neuen Mietzins geeinigt; in

---

Tipp

Aufgepasst bei der ersten Mietzinserhöhung nach Wiederanstieg des Referenzzinssatzes!

Im Zeitpunkt der Aktualisierung des Ratgebers liegt der Referenzzinssatz auf dem historischen Tief von 1,5 Prozent (Stand April 2018). Es ist mit einem Wiederanstieg zu rechnen. Sollten Sie dann eine Mietzinserhöhung erhalten, die mit einer Anhebung des Referenzzinssatzes begründet ist, empfehlen wir Ihnen, diese Mietzinserhöhung genau überprüfen zu lassen. Denn unterbleibt eine Anfechtung, obwohl der Mietzins wegen des gesunkenen Referenzzinssatzes in der Vergangenheit nicht oder nur ungenügend gesenkt wurde, verlieren Sie Ihren Senkungsanspruch. Im Fall einer Anfechtung können Sie demgegenüber geltend machen, der Mietzins dürfe nicht oder nicht im angezeigten Umfang erhöht werden, weil frühere Senkungen des Referenzzinssatzes nicht zu einer entsprechenden Mietzinsherabsetzung geführt hätten. Möglicherweise können Sie die Mietzinserhöhung nicht nur abwenden, sondern sogar eine Herabsetzung des Mietzinses durchsetzen.

diesem Streitfall ging es (auch) um eine Veränderung des Referenzzinssatzes.

■ **Der Mietzins wurde in einem Gerichtsentscheid festgesetzt.**
In diesen drei Fällen kann sich der Vermieter darauf verlassen, dass man bei der nächsten Mietzinsanpassung von jenem Referenzzinssatz ausgehen wird, der zum Zeitpunkt der drei erwähnten Mietzinserhöhungen gültig war.

Für jeden Mieter und jede Mieterin ist es extrem wichtig, die erste Mietzinserhöhung zu überprüfen, die mit einem Wiederanstieg des Referenzzinssatzes begründet wird. Mit jeder Mietzinserhöhung, die nicht angefochten wird (siehe Kasten links), verpassen Sie die letzte Chance, dass sich frühere Senkungen des Referenzzinssatzes zugunsten des heutigen Mietzinses auswirken. Also: Im Zweifelsfall immer anfechten!

Bis jetzt war vom Regelfall die Rede, bei dem der Vermieter jene Kostensteigerungen überwälzen kann, die seit Mietvertragsabschluss oder seit der letzten Mietzinserhöhung eintraten. Im Folgenden einige Ausnahmefälle.

Keine Mietzinserhöhung, weil der Mietzins bisher schon missbräuchlich war. Auch eine Mietzinserhöhung, die nach den bisherigen Ausführungen korrekt erscheint, kann missbräuchlich sein. Der betroffene Mieter kann einwenden, der Vermieter würde mit dem so erhöhten Mietzins einen zu hohen Ertrag (Nettorendite) erzielen.

> **Tipp**
>
> **Die Mietzinserhöhung rasch überprüfen**
>
> Ist Ihr Mietzins unverändert geblieben, obwohl die Hypothekarzinsen laufend sanken? Oder hat der Vermieter nur einen Teil der Hypozinssenkungen weitergegeben? In diesen Fällen lohnt sich die genaue Überprüfung der nächsten Mietzinserhöhung. Die Chance, dass Sie jetzt dagegen etwas ausrichten können, ist viel grösser als bei der übernächsten Erhöhung. Wichtig ist dabei, die Frist von 30 Tagen nicht zu verpassen: Fechten Sie die Mietzinserhöhung rechtzeitig an.
>
> Hilfreich kann dabei die Online-Mietzinsberechnung des Mieterinnen- und Mieterverbandes sein. Der Rechner ist zu finden unter **www.mieterverband.ch**.

Der Vermieter hat darauf die Belege vorzulegen, die zur Berechnung der Nettorendite nötig sind. Kommt die Schlichtungsbehörde zum Schluss, dass der verlangte Mietzins dem Vermieter einen übersetzten Ertrag verschafft, so wird sie ihm empfehlen, die Mietzinserhöhung zurückzuziehen. Im Falle eines gerichtlichen Entscheides würde eine solche Mietzinserhöhung nicht geschützt.

Der Mieter kann allerdings mit dem Nachweis einer übersetzten Rendite nicht erreichen, dass der Mietzins unter das bisherige Niveau gesenkt wird. Ein Beispiel: Der Vermieter will wegen einer umfassenden Sanierung den Mietzins um 500 Franken auf 1500 Franken erhöhen. Die Berechnung der Nettorendite ergibt aber einen höchstzulässigen Mietzins von 1300 Franken. Fazit: Der Vermieter muss die Mietzinserhöhung um 200 Franken reduzieren, selbst wenn die wertvermehrenden Investitionen von 500 Franken ausgewiesen sind.

Lexikon

Vorbehaltskette

Wenn der Vermieter einen Mietzinsvorbehalt im Mietvertrag bei der ersten Mietzinserhöhung nicht ausschöpft, es aber später – bei der nächsten oder übernächsten Mietzinserhöhung – tun will, muss er den Mietzinsvorbehalt jedesmal wieder neu anbringen. Diesen Vorgang nennt man «Vorbehaltskette».

Der Mietzinsvorbehalt. In den letzten Jahren trifft man immer häufiger Mietverträge und Mietzinserhöhungen an, in denen der Vermieter einen «Mietzinsvorbehalt» oder eine «Mietzinsreserve» anbringt (siehe auch Kapitel 1).

Mit diesen Vorbehalten will der Vermieter genau das erreichen, was er im Normalfall nicht kann: Er will sich später auf eine Möglichkeit zur Mietzinserhöhung berufen können, die zwar schon bei der früheren Mietzinsfestsetzung bestand, die er aber nicht ausgeschöpft hatte.

Der Vorbehalt kann einem durchaus legitimen Interesse des Vermieters entsprechen: Viele Vermieter erhöhen die Mietzinse mit IT-Unterstützung jeweils bei allen Mietobjekten gleichzeitig. Wenn in der Zwischenzeit ein Mieterwechsel stattfindet, belässt man diesen einen Mietzins lieber auf dem alten Stand und erhöht später alle Mietzinse aufs Mal. In einem solchen Fall ist der Vorbehalt des bisherigen Kostenstandes berechtigt.

Oder: Bei der Vermietung einer Neubauwohnung sind Vermieter fast gezwungen, einen Vorbehalt anzubringen, da sie die Wohnung nicht kostendeckend vermieten können und ohne Vorbehalt kaum aus den roten Zahlen kommen.

Ein Beispiel: Wegen der hohen Baukosten lässt sich die teure Neubauwohnung in Zürich nicht kostendeckend vermieten. Der Vermieter behält sich deshalb im Mietvertrag mit dem ersten Mieter die Erhöhung um 270 Franken vor, um später eine kostendeckende Bruttorendite erzielen zu können.

Und schliesslich gibt es auch Vermieter, die ihren Mietern die sofortige Überwälzung aller Erhöhungsfaktoren aus Wohlwollen ersparen.

Immer mehr Vermieter verfolgen jedoch mit einem Vorbehalt unlautere Ziele. So finden sich nicht selten im vorbereiteten Anhang zum Mietvertrag Vorbehalte und Mietzinsreserven, die mit Lockvogelpolitik mehr zu tun haben als mit der reellen Kostenrechnung des Vermieters. Oft wird dabei mit fiktiven Angaben ein Vorbehalt konstruiert, der den Weg für spätere Mietzinserhöhungen vorbereiten soll.

Tatsächlich lassen sich viele Mieter von solchen Vorbehalten beirren und verzichten auf eine aussichtsreiche Anfechtung. Häufig werden Vorbehalte in Mietverträge aufgenommen, damit der Mieter auf eine Mietzinssenkung verzichtet. Sie dienen der Abschreckung.

So haben Frau und Herr Zobler in Luzern seit 1. Mai 2008 eine originelle, aber teure Wohnung zu einem Mietzins von 2650 Franken pro Monat gemietet. Im Anhang zum Mietvertrag steht folgender Vorbehalt: «Kosten- und Teuerungsstand: September 2005 (Mietzinsreserve = 1,4 %); Hypothekarzinsbasis: 3 % statt 3½ % (Mietzinsreserve = 6 %).»

Im Juni 2008 teilte der Vermieter eine Mietzinserhöhung um 7,4 Prozent (197 Franken) mit. Seine Begründung: Teuerung und Hypothekarzinsanstieg.

Das Ehepaar Zobler focht die Erhöhung an. An der Schlichtungsverhandlung stellte sich Folgendes heraus: Der Vermieter hatte den Mietzins der früheren Mieterin von 2550 Franken nicht an den Hypozinssatz angepasst, der auf 3 Prozent gesunken war. Der Mietzins beruhte immer noch auf dem Hypozinssatz von 3½ Prozent.

Die Schlichtungsbehörde erklärte dem Vermieter, dass der Vorbehalt im Vertrag der Familie Zobler ungültig sei. Auf Empfehlung der Schlichtungsbehörde zog der Vermieter die ungerechtfertigte Mietzinserhöhung zurück.

Dies muss man über Vorbehalte wissen. Nicht jeder Vorbehalt im Mietvertrag braucht den Mieter bzw. die Mieterin zu ängstigen. Denn nicht alle Vorbehalte sind gültig.

- Der Vermieter muss ausdrücklich und klar (in Prozent oder Franken) angeben, welche Erhöhung er später geltend machen will. Die Formulierung «nur teilweiser Teuerungsausgleich» beispielsweise ist unwirksam.
- Ein Vorbehalt ist selbstverständlich nur so weit gültig, als die Mietzinserhöhung zum Zeitpunkt, als der Vorbehalt angebracht wurde, zulässig gewesen wäre. Sollte der Vermieter bei der ersten Mietzinserhöhung «vergessen» haben, die Teuerung auszugleichen, kann er diese Unterlassung bei der zweiten Mietzinserhöhung nicht mit einem rückwirkenden Vorbehalt nachholen – einem Vorbehalt also, der für die Periode zwischen Vertragsabschluss und der ersten Mietzinserhöhung gelten würde.
- Will der Vermieter eine Erhöhungsmöglichkeit auch bei der nächsten (oder übernächsten usw.) Mietzinserhöhung nicht ausschöpfen, muss er den Vorbehalt jedesmal wieder anbringen. Man nennt dies «Vorbehaltskette».
- Der Vermieter ist an die Begründung des Vorbehalts gebunden. Hat er etwa die Anpassung an die orts- und quartierüblichen Mietzinse als Vorbehalt formuliert, kann er nicht nachträglich eine ungenügende Nettorendite geltend machen.
- Hat der Vermieter den Vorbehalt in einer Mietzinserhöhung angebracht, ist dessen Überprüfung meist problemlos. Der Mieter muss sich dann nur die Frage stellen, ob

Tipp

Mietzinsvorbehalt: Was tun?

Bevor Sie den Mietvertrag unterschreiben, sollten Sie unbedingt genau prüfen, ob der Vermieter einen Mietzinsvorbehalt angebracht hat. Ein korrekter Vorbehalt macht die neue Wohnung teurer, als sie auf den ersten Blick erscheint.

Bringt der Vermieter bei einer Mietzinserhöhung einen Vorbehalt an, können Sie diesen nicht anfechten. Damit ist aber noch nichts verloren: Sie können die Berechtigung des Vorbehalts überprüfen lassen, sobald der Vermieter später den Vorbehalt ausschöpfen will.

die Kostensteigerungen seit der vorangegangenen Mietzinsfestsetzung den Vorbehalt rechtfertigen.

Auch ein Vorbehalt, der im Mietvertrag enthalten ist, ist überprüfbar. Er darf keine Konstruktion sein (zum Beispiel der Vorbehalt im Vertrag von Familie Zobler auf Seite 51). Der Vermieter muss belegen, dass seine Begründung den Tatsachen entspricht. Bei dieser Überprüfung wird man zum Beispiel die Mietzinsentwicklung des Vormieters, die anderen Mietzinse in der Liegenschaft oder die Rechnung der Liegenschaft berücksichtigen.

■ Ob der Vermieter den Vorbehalt zu Recht angebracht hat, wird erst überprüft, wenn er ihn ausschöpfen will. Deshalb kann ein Vorbehalt als solcher nicht angefochten werden.

Nur wenn der Vorbehalt gültig ist beziehungsweise zu Recht angebracht wurde, ist der Vermieter berechtigt, ihn bei der nächsten Mietzinserhöhung auszuschöpfen. In diesem Fall kann er den Mietzins selbst dann erhöhen, wenn seine Kosten seit der letzten Mietzinsanpassung nicht gestiegen sind.

Mietzinserhöhung nach Hausverkauf. Der Verkauf der Liegenschaft bedeutet für Mieter selten Gutes. Mit einer happigen Mietzinserhöhung ist in solchen Fällen fast immer zu rechnen.

Denn der neue Eigentümer ist grundsätzlich berechtigt, die Mietzinse so weit zu erhöhen, bis sein investiertes Eigenkapital eine genügende Rendite erzielt (0,5 Prozent über dem geltenden Referenzinssatz). Er ist also nicht an die Mietzinsgestaltung des Vorgängers gebunden.

Verlangt der neue Vermieter aber Mietzinse, die deutlich (10 oder mehr Prozent) über dem orts- und quartierüblichen Niveau liegen, wird er in einem Anfechtungsverfahren Schiffbruch erleiden: Selbst wenn er mit dem neuen Mietzins noch keinen missbräuchlichen Ertrag erzielen würde, muss er sich vorwerfen lassen, einen offensicht-

---

Von Fall zu Fall

Neue Fenster – so verändert sich der Mietzins

Ein Vermieter ersetzt die uralten Fenster durch solche mit Isolierverglasung. Kostenpunkt: 10 000 Franken pro Wohnung. Da der Einbau der Fenster samt Montage fast doppelt so teuer wird wie die (ohnehin nötige) Erneuerung durch gewöhnliche Fenster, rechtfertigt sich ein Mehrwertanteil von 50 Prozent. Der Wert der Wohnung steigt also um 5000 Franken.

Und so wird gerechnet:

a) Amortisation: Bei einer Lebensdauer der Fenster von rund 25 Jahren (siehe Lebensdauertabelle, Kapitel 10) beläuft sich die jährliche Abschreibung auf 4 %.

b) Verzinsung: Erlaubter Zinssatz: 0,5 % über dem aktuellen Referenzinssatz, zum Beispiel 2,5 % + 0,5 % = 3 %. Wegen der Amortisation wird dieser Satz halbiert: 1,5 %.

c) Unterhalt: Dafür wird zirka 10 % von Amortisation plus Verzinsung eingesetzt.

Der Mehrwert (5000 Franken) ist also mit 6,05 % (= 4 % + 1,5 %) + 0,55 % (= 10 % von 5,5 %) zu verzinsen. Das entspricht einer jährlichen Erhöhung von Fr. 302.50.

Fazit: Der Vermieter darf den monatlichen Mietzins um Fr. 25.– anheben.

lich übersetzten Preis bezahlt zu haben. Und dafür müssen Mieter nicht geradestehen. Allerdings ist der Nachweis eines übersetzten Kaufpreises für den Mieter sehr schwer zu erbringen.

Anpassung an die orts- und quartierüblichen Mietzinse. Lassen Sie sich nicht entmutigen, wenn eine Mietzinserhöhung mit der Anpassung an die orts- und quartierüblichen Mietzinse begründet wird. Eine solche Mietzinserhöhung kann in einem Anfechtungsverfahren nur selten durchgesetzt werden.

Diese Voraussetzungen sollten für eine Mietzinserhöhung wegen Anpassung an die orts- und quartierüblichen Mietzinse erfüllt sein:

■ Der Vermieter muss nach der letzten Mietzinsanpassung rund fünf Jahre warten, bevor er den Mietzins mit dieser Begründung erhöhen darf. Erhöht er während dieser «Wartefrist» den Mietzins, muss er sich jeweils die spätere Anpassung an das orts- und quartierübliche Niveau in Prozenten oder Franken vorbehalten.

■ Der Vermieter muss konkret nachweisen, dass der jetzige Mietzins unter dem orts- und quartierüblichen Niveau liegt. Dabei kann er sich nicht damit begnügen, auf die Wohnungsanzeigen in der Zeitung zu verweisen – zumal die inserierten Wohnungen im Allgemeinen besonders teuer sind. Es geht beim Nachweis der Orts- und Quartierüblichkeit um den Bestandesmietzins. Das heisst, der Mietzins von bestehenden Mietverhältnissen ist miteinander zu vergleichen. Der Vermieter muss mindestens fünf vergleichbare Mietobjekte in der gleichen Gemeinde oder im gleichen Stadtquartier angeben können, die höhere Mietzinsen einbringen.

Und «vergleichbar» heisst: Die Wohnungen müssen hinsichtlich Grösse und Zimmerzahl, Lage (Lärm, Aussicht, bei Geschäften Passantenlage usw.), Komfort, Zustand und Bauperiode gleichwertig sein. In der Praxis zeigt sich, dass der Nachweis sehr schwierig zu erbringen ist, weil z.B. eine Wohnung mit Geschirrspüler mit einer ohne Geschirrspüler nicht zum Vergleich zugelassen ist. Seit kurzer Zeit können Vermieter gegen Bezahlung ein Gutachten beim Swiss Real Estate Institute zur Beurteilung der orts- und quartierüblichen Mietzinsen erstellen lassen. Aber auch dieses Gutachten ist mangelhaft, da die effektiven Mietverträge der Vergleichsobjekte nicht mitgeliefert werden.

> **Tipp**
>
> **Wie viel darf der Vermieter aufs Mal aufschlagen?**
>
> Der Vermieter kann unter Umständen um 50, 100 oder noch mehr Prozent aufschlagen, sofern der neue Mietzins damit keine missbräuchliche Höhe erreicht.
>
> Beispiel: Die bescheidene 4-Zimmer-Altwohnung der Familie Peterhans ist im grossen Stil renoviert worden. Die Wohnung hat jetzt ein modernes Badezimmer, eine neue Küche und Zentralheizung.
>
> Weil eine Mietzinserhöhung um 750 Franken gerechtfertigt ist, kann die Familie gegen die Erhöhung von bisher 650 Franken auf neu 1400 Franken nichts einwenden.

Dem Mieter steht es frei, selber die Initiative zu ergreifen: Er kann in der Nachbarschaft die Mietzinse erfragen und so belegen, dass der jetzige Mietzins durchaus im Rahmen der Orts- und Quartierüblichkeit liegt. Dieser Nachweis ist allerdings auch für ihn nicht leicht.

- Der Vermieter muss nachweisen, dass sich das Niveau der Vergleichsmieten in den vergangenen Jahren tatsächlich erhöht hat.

Indexklausel und Staffelmiete. Der Vermieter kann normalerweise den Mietzins nur auf den nächsten Kündigungstermin erhöhen. Wurde im Mietvertrag eine längere feste Vertragsdauer vereinbart, kann der Vermieter den Mietzins nur dann erhöhen, wenn ihn eine Erhöhungsklausel im Mietvertrag dazu berechtigt.

Mit einer Indexklausel wird dem Vermieter gestattet, den Mietzins der Teuerung (dem Landesindex der Konsumentenpreise) anzupassen. Bei Wohnungen dürfen maximal 80 Prozent der Teuerung abgewälzt werden (allerdings gilt das nur, wenn das Mietverhältnis vor dem 1. August 1996 begann; bei späterem Mietbeginn kann die volle Abwälzung der Teuerung vereinbart werden).

In diesem Fall spielen also die Auf-und-ab-Bewegungen des Referenzzinssatzes keine Rolle. Index-

Hypothekarzins und Mietzins
So wirkt sich die Erhöhung des Referenzzinssatzes auf den

%	1,75	2,0	2,25	2,5	2,75	3,0	3,25	3,5	3,75	4,0	4,25
1,5	3,00	6,00	9,00	12,00	15,00	18,00	21,00	24,00	27,00	30,00	33,00
1,75		3,00	6,00	9,00	12,00	15,00	18,00	21,00	24,00	27,00	30,00
2,0			3,00	6,00	9,00	12,00	15,00	18,00	21,00	24,00	27,00
2,25				3,00	6,00	9,00	12,00	15,00	18,00	21,00	24,00
2,5					3,00	6,00	9,00	12,00	15,00	18,00	21,00
2,75						3,00	6,00	9,00	12,00	15,00	18,00
3,0							3,00	6,00	9,00	12,00	15,00
3,25								3,00	6,00	9,00	12,00
3,5									3,00	6,00	9,00
3,75										3,00	6,00
4,0											3,00
4,25											
4,5											
4,75											
5,0											
5,25											
5,5											
5,75											
6,0											
6,25											
6,5											

Lesebeispiel: Steigt der Referenzzinssatz von **1,5** auf **2** Prozent, darf der Nettomietzins um

klauseln sind nur gültig, wenn das Mietverhältnis auf mindestens fünf Jahre abgeschlossen ist.

Bei der Staffelmiete (siehe Seite 11) wird bei Vertragsschluss festgelegt, dass der Mietzins periodisch (aber höchstens einmal pro Jahr) um einen bestimmten Frankenbetrag ansteigt. Hier ist eine Mindestdauer von drei Jahren vorausgesetzt.

Auch bei Staffelmiete und Indexklausel muss der Vermieter die Erhöhungen mit amtlichem Formular anzeigen. Eine Anfechtung hat hier nur dann Erfolgsaussichten, wenn die Vertragsklausel nicht korrekt angewendet wurde – zum Beispiel bei Berechnungsfehlern.

Bei der 5-Jahres-Frist für die Indexklausel und der 3-Jahres-Frist für die Staffelmiete genügt es, wenn sich nur der Vermieter für diese Zeit bindet, indem er auf das ordentliche Kündigungsrecht verzichtet.

Was passiert bei wertvermehrenden Investitionen? Neben der Teuerung und den gestiegenen Betriebskosten kann der Vermieter auch die Kosten jener wertvermehrenden Investitionen geltend machen, die er seit der letzten Mietzinsanpassung tätigte.

Hat der Vermieter in eine Wohnung investiert, können die Mieter die Berechtigung der Mietzins-

Nettomietzins (ohne Nebenkosten) aus

4,5	4,75	5,0	5,25	5,5	5,75	6,0	6,25	6,5	6,75	7,0
36,00	39,00	42,00	44,50	47,00	49,50	52,00	54,00	56,00	58,00	60,00
33,00	36,00	39,00	41,50	44,00	46,50	49,00	51,00	53,00	55,00	57,00
30,00	33,00	36,00	38,50	41,00	43,50	46,00	48,00	50,00	52,00	54,00
27,00	30,00	33,00	35,50	38,00	40,50	43,00	45,00	47,00	49,00	51,00
24,00	27,00	30,00	32,50	35,00	37,50	40,00	42,00	44,00	46,00	48,00
21,00	24,00	27,00	29,50	32,00	34,50	37,00	39,00	41,00	43,00	45,00
18,00	21,00	24,00	26,50	29,00	31,50	34,00	36,00	38,00	40,00	42,00
15,00	18,00	21,00	23,50	26,00	28,50	31,00	33,00	35,00	37,00	39,00
12,00	15,00	18,00	20,50	23,00	25,50	28,00	30,00	32,00	34,00	36,00
9,00	12,00	15,00	17,50	20,00	22,50	25,00	27,00	29,00	31,00	33,00
6,00	9,00	12,00	14,50	17,00	19,50	22,00	24,00	26,00	28,00	30,00
3,00	6,00	9,00	11,50	14,00	16,50	19,00	21,00	23,00	25,00	27,00
	3,00	6,00	8,50	11,00	13,50	16,00	18,00	20,00	22,00	24,00
		3,00	5,50	8,00	10,50	13,00	15,00	17,00	19,00	21,00
			2,50	5,00	7,50	10,00	12,00	14,00	16,00	18,00
				2,50	5,00	7,50	9,50	11,50	13,50	15,50
					2,50	5,00	7,00	9,00	11,00	13,00
						2,50	4,50	6,50	8,50	10,50
							2,00	4,00	6,00	8,00
								2,00	4,00	6,00
									2,00	4,00

6 Prozent erhöht werden

erhöhung nach folgendem Fragenkatalog prüfen:

■ Ist die Investition überhaupt wertvermehrend?

Die Antwort auf diese Frage ist nicht einfach. Neue Einrichtungen (zum Beispiel Dunstabzug über dem Herd, Anschluss an das Kabelfernsehnetz, elektrischer Rollladenaufzug usw.) gelten als wertvermehrend – selbst wenn Ihnen der Mehrwert solcher Modernisierungen zweifelhaft erscheint. Umgekehrt sind die Kosten für reine Unterhaltsarbeiten (etwa Wandanstriche, Reparaturen) im Mietzins inbegriffen und rechtfertigen keine Erhöhung.

Schwierig ist es, eine Wertvermehrung zu beziffern, wenn alte Einrichtungen durch qualitativ bessere ersetzt werden (zum Beispiel komfortablere Küchengeräte, Fassadenrenovation mit verbesserter Isolation, alte Fenster durch Isolierverglasung ersetzt) – in diesen Fällen ist ein wertvermehrender Prozentsatz zu ermitteln.

Bei sogenannten «umfassenden Überholungen» (zum Beispiel Fassadenerneuerung mit Ersatz von Fenstern und Erneuerung der Küchen) wird im Gesetz angenommen, dass der wertvermehrende Anteil in der Regel bei 50 bis 70 Prozent liegt. Da sich Vermieter gerne (und nicht immer zu Recht) auf diese Bestimmung berufen, empfiehlt sich hier eine kompetente Beratung.

■ Liegen die definitiven Kosten der abgeschlossenen Investition vor? Solange der Vermieter die definitiven Kosten nicht vorlegen kann oder sich die Handwerker gar noch im Hause befinden, wird die Mietzinserhöhung in einem Anfechtungsverfahren nicht geschützt.

Bei grösseren Arbeiten kann der Mietzins allerdings noch vor dem definitiven Abschluss erhöht werden, sofern der Vermieter bereits Zahlungen geleistet hat.

■ Ist der wertvermehrende Anteil korrekt auf den Mietzins überwälzt? Die Mietzinserhöhung soll einerseits die Amortisationskosten der Investition begleichen sowie andererseits die Zinskosten und die Kosten des Unterhalts decken (siehe Rechenbeispiel im Kasten auf Seite 52).

Damit die Mietzinserhöhung überprüft werden kann, ist der Vermieter verpflichtet, die genaue Berechnung bekanntzugeben und der Schlichtungsbehörde alle nötigen Unterlagen vorzulegen (Bauabrechnungen usw.).

4 Mietzinserhöhung

5 Mal rauf, mal runter
Die Senkung des Mietzinses

Der Referenzzinssatz ist seit September 2008 bis im Juni 2017 stetig gesunken. Steigt er wieder an, ist eine Mietzinserhöhung nicht in jedem Fall statthaft. Wurden frühere Senkungen des Referenzzinssatzes nicht weitergegeben, können Sie unter Umständen sogar eine Senkung verlangen.

In welchen Fällen kommt eine Senkung des Mietzinses in Frage?
- Bei schwerwiegenden Mängeln am Mietobjekt (siehe Kapitel 6).
- Wenn der Anfangsmietzins übersetzt ist (siehe Seite 63).
- Wenn der Referenzzinssatz fällt.

Von diesem – wichtigsten – Faktor ist im Folgenden die Rede.

Wenn der Referenzzinssatz sinkt.
So, wie der Vermieter berechtigt ist, gestiegene Liegenschaftskosten auf die Miete abzuwälzen, ist er auch verpflichtet, Kostensenkungen weiterzugeben. Dabei müssen die Mieter häufig selber aktiv werden und die Senkung verlangen. Denn nicht alle Vermieter geben die Senkung von sich aus weiter. Und keine Behörde kontrolliert, ob die Vermieter die Kostensenkung weitergeben. Wenn also der Referenzzinssatz fällt, haben die Mieter in den meisten Fällen Anspruch auf eine Mietzinssenkung.

Hypothekarzins und Mietzins
So wirkt sich die Senkung des Referenzzinssatzes auf den

%	6,5	6,25	6,0	5,75	5,5	5,25	5,0	4,75	4,5	4,25
7,0	3,85	5,66	7,41	9,50	11,50	13,42	15,25	17,36	19,35	21,26
6,75	1,96	3,85	5,66	7,83	9,91	11,89	13,79	15,97	18,03	20,00
6,5		1,96	3,85	6,10	8,26	10,31	12,28	14,53	16,67	18,70
6,25			1,96	4,31	6,54	8,68	10,71	13,04	15,25	17,36
6,0				2,44	4,76	6,98	9,09	11,50	13,79	15,97
5,75					2,44	4,76	6,98	9,50	11,89	14,16
5,5						2,44	4,76	7,41	9,91	12,28
5,25							2,44	5,21	7,83	10,31
5,0								2,91	5,66	8,26
4,75									2,91	5,66
4,5										2,91
4,25										
4,0										
3,75										
3,5										
3,25										
3,0										
2,75										
2,5										
2,25										
2,0										

Lesebeispiel: Fällt der Referenzzinssatz von **5,5** auf **5** Prozent, ist der Nettomietzins um

Wie bei der Erhöhung ist auch bei der Senkung der einheitliche Referenzzinssatz massgebend (siehe Seite 47). Der Vermieter kann sich somit nicht darauf berufen, dass seine eigene Hausbank die Hypothekarzinsen nicht gesenkt habe.

Aus rein mathematischen Gründen sind die Ansätze bei der Senkung etwas tiefer als diejenigen bei der Erhöhung.

Wie errechnet man die Mietzinssenkung? Zuerst gilt es, ausfindig zu machen, auf welchem Referenzzinssatz der Mietzins basiert. Am besten schaut man im Mietvertrag oder auf der letzten Mietzinserhöhung nach, welcher Referenzzinssatz dort vermerkt ist. Wurde die letzte Mietzinserhöhung nicht mit einem Anstieg des Referenzzinssatzes begründet (sondern zum Bei-

In diesem Kapitel

59 Wie errechnet man die Mietzinssenkung?
60 Was kann der Vermieter einer Senkungsforderung entgegenhalten?
61 Eine Mietreduktion verlangen: So wirds gemacht
62 Die faulen Ausreden der Vermieter
63 Und wenn der Anspruch auf Mietzinssenkung nicht geltend gemacht wird?
63 Kann man den Anfangsmietzins anfechten?
64 Das Anfechtungsverfahren
65 Die Risiken einer Anfechtung

5 Mietzinssenkung

Nettomietzins (ohne Nebenkosten) aus

4,0	3,75	3,5	3,25	3,0	2,75	2,5	2,25	2,0	1,75	1,5
23,08	24,81	26,47	28,06	29,58	31,03	32,43	33,77	35,06	36,31	37,50
21,88	23,66	25,37	27,01	28,57	30,07	31,51	32,89	34,21	35,48	36,71
20,63	22,48	24,24	25,93	27,54	29,08	30,56	31,97	33,33	34,64	35,90
19,35	21,26	23,08	24,81	26,47	28,06	29,58	31,03	32,43	33,77	35,06
18,03	20,00	21,88	23,66	25,37	27,01	28,57	30,07	31,51	32,89	34,21
16,32	18,37	20,32	22,18	23,95	25,65	27,27	28,83	30,31	31,74	33,11
14,53	16,67	18,70	20,63	22,48	24,24	25,93	27,54	29,08	30,56	31,97
12,66	14,89	17,01	19,03	20,95	22,78	24,53	26,20	27,80	29,33	30,80
10,71	13,04	15,25	17,36	19,35	21,26	23,08	24,81	26,47	28,06	29,58
8,26	10,71	13,04	15,25	17,36	19,35	21,26	23,08	24,81	26,47	28,06
5,66	8,26	10,71	13,04	15,25	17,36	19,35	21,26	23,08	24,81	26,47
2,91	5,66	8,26	10,71	13,04	15,25	17,36	19,35	21,26	23,08	24,81
	2,91	5,66	8,26	10,71	13,04	15,25	17,36	19,35	21,26	23,08
		2,91	5,66	8,26	10,71	13,04	15,25	17,36	19,35	21,26
			2,91	5,66	8,26	10,71	13,04	15,25	17,36	19,35
				2,91	5,66	8,26	10,71	13,04	15,25	17,36
					2,91	5,66	8,26	10,71	13,04	15,25
						2,91	5,66	8,26	10,71	13,04
							2,91	5,66	8,26	10,71
								2,91	5,66	8,26
									2,91	5,66

4,76 Prozent zu reduzieren

spiel mit wertvermehrenden Investitionen), müssen Sie in der vorletzten Erhöhung nachschauen oder eben im Mietvertrag.

Dabei ist es wichtig, diese Angabe zu überprüfen und auch die Teuerung einzubeziehen (siehe «Landesindex der Konsumentenpreise» in Kapitel 12).

Hat das Bundesamt einen Referenzzinssatz erst angekündigt (was in der Regel drei Monate im Voraus geschieht), dann ist jeweils der angekündigte Zinssatz massgebend.

Liegt aber dem aktuellen Mietzins bereits eine Mietzinssenkung zugrunde, stellt sich die Frage, ob sie ausreichend war oder ob der Vermieter seine Kosteneinsparungen nur teilweise weitergab. Der Vermieter kann sich nämlich nicht einfach darauf berufen, dass der ungenügend herabgesetzte Mietzins damals akzeptiert worden sei – und deshalb heute nicht mehr hinterfragt werden könne.

Selbst wenn der Vermieter früher bereits einmal eine Senkung gewährt hatte, wird jetzt überprüft, ob der aktuelle Mietzins missbräuchlich ist oder nicht. Zeigt sich, dass die Herabsetzung des Mietzinses, die in der Zwischenzeit erfolgt ist, ungenügend war, hat der Mieter diese Senkung immer noch zugut.

Beispiel: Der Vermieter Peter Isler erhöhte den Mietzins mit (un-)schöner Regelmässigkeit, als der Hypothekarzins im Jahr 2000 schrittweise von 3,75 auf 4,5 Prozent anstieg. Umgekehrt «verzichtete» Isler in der Folge mit mehr oder weniger faulen Ausreden darauf, den Mietzins zu reduzieren, als es zu verschiedenen Hypothekarzinssenkungen kam. Erst 2005 senkte der Vermieter den Mietzins, als der Hypozins von 3,25 auf 3 Prozent fiel.

Hier liegt der Hypothekarzins trotz der Erhöhungen immer noch viel tiefer als bei der letzten Mietzinserhöhung (2000). Es besteht also nach wie vor ein Anspruch auf eine Herabsetzung des Mietzinses, weil die zwischenzeitliche Senkung ungenügend war.

Hat der Vermieter aber bei der letzten Mietzinserhöhung (oder im Mietvertrag) mit einem gültigen Vorbehalt darauf hingewiesen, dass der Mietzins auf einem tieferen Hypozins beruht, ist von diesem tieferen Wert auszugehen.

Darauf gilt es, mit Hilfe der Tabelle auf Seite 58 zu ermitteln, wie sich die Differenz zum aktuellen Hypothekarzins auf den Mietzins auswirkt.

Was kann der Vermieter der Senkungsforderung entgegenhalten?
Er kann dem Mieter die Mehrkosten, die seit der letzten Mietzinsfestsetzung eingetreten sind, entgegenhalten; dazu zählen Teuerung, Kostensteigerungen für Unterhalt/Abgaben oder wertvermehrende Investitionen (siehe Kapitel 4). Der Vermieter kann also seine Erhöhungsfaktoren mit der Forderung nach Mietzinssenkung des Mieters verrechnen. Dies führt meist zu einer Schmälerung der Mietverbilligung.

■ Falls der Vermieter bei der letzten Mietzinsfestsetzung einen gültigen Vorbehalt angebracht hat (siehe

Kapitel 4), wird er diesen dem Anspruch des Mieters entgegenhalten.

Ein Beispiel dazu: Auf dem Formular der letzten Mietzinserhöhung heisst es: «Teuerung nur bis Ende 2007 ausgeglichen, Vorbehalt: 2,1 %». Hat der Vermieter den Vorbehalt zu Recht angebracht (weil er die Teuerung tatsächlich nicht überwälzt hatte), werden diese 2,1 Prozent mit dem Anspruch auf Mietzinssenkung verrechnet.

■ Viele Vermieter lehnen eine Mietzinssenkung mit der Begründung ab, der erzielte Ertrag aus der Liegenschaft sei ungenügend. Das Bundesgericht hat zugunsten der Vermieter entschieden, dass dieser Einwand auch ohne vorher angebrachten Vorbehalt zulässig ist. Jedoch muss dabei der Vermieter anhand der Liegenschaftenabrechnungen und der dazugehörigen Belege beweisen, dass er sich eine Mietzinssenkung tatsächlich nicht leisten kann.

■ Der Einwand, der Mietzins liege ohnehin unter dem orts- und quartierüblichen Niveau, ist zwar zulässig, für den Vermieter aber schwierig zu beweisen.

Da eine Herabsetzung des Mietzinses nur auf den nächsten Kündigungstermin möglich ist, haben Sie keinen Anspruch auf eine Mietzinssenkung, wenn Sie ein Mietverhältnis auf längere Zeit eingegangen sind. Wenn es also im Mietvertrag heisst, er sei frühestens auf den 30. September 2019 kündbar, kann eine Herabsetzung (wie auch eine Erhöhung) erst auf diesen Zeitpunkt hin verlangt werden.

Eine Mietzinsreduktion verlangen: So wirds gemacht. Wenn Sie der Auffassung sind, dass der Mietzins gesenkt werden müsste, verlangen Sie vom Vermieter mit eingeschriebenem Brief eine Herabsetzung des Mietzinses auf den nächsten Kündigungstermin. Es gilt also, die Kündigungsfristen und -termine im Vertrag genau zu beachten.

Falls Sie nicht sicher sind, ob und wie Sie einen Anspruch geltend machen können, suchen Sie mit Vorteil eine kompetente Rechtsberatung auf – am besten bei der Schlichtungsbehörde oder beim Mieterverband.

Lehnt der Vermieter Ihre Forderung ganz oder teilweise ab, haben Sie ab Erhalt der Antwort Ihres Vermieters 30 Tage Zeit, um die Klage bei der Schlichtungsbehörde einzureichen. Beachten Sie dabei, dass die Klage vor dem Ablauf von 60 Tagen seit Ihrem Herabsetzungsbegehren dem Vermieter geschickt werden muss.

Äussert sich der Vermieter überhaupt nicht zu Ihrer Forderung, müssen Sie ebenfalls spätestens 60 Tage nach Ihrem Brief an den Vermieter das Begehren an die Schlichtungsbehörde einreichen.

Sollten Sie diese Fristen verpassen, bleibt Ihnen nichts anderes übrig, als den Vermieter erneut anzufragen, um darauf (diesmal rechtzeitig) an die Schlichtungsbehörde gelangen zu können.

Nehmen wir dazu wieder ein Beispiel. Der Vermieter von Mario Trezzini erhöhte den Mietzins für die 3½-Zimmer-Maisonette-Wohnung letztmals im Juni 2000, als die

5 Mietzinssenkung

> ### Tipp
> **Die faulen Ausreden der Vermieter**
> Fast unerschöpflich scheint die Fantasie der Vermieter zu sein, wenn es darum geht, den Herabsetzungsanspruch der Mieter zu verneinen. Hier die häufigsten Ausreden und was davon zu halten ist:
> - «Wir haben die Erhöhungen des Referenzzinssatzes auch erst mit Verspätung überwälzt»: **Nicht akzeptieren.**
> - «Wir müssen nächstes Jahr die Heizung erneuern»: **Allenfalls ist dann eine Erhöhung zulässig.**
> - «Wir verrechnen mit der Teuerung, die bis Ende Jahr zu erwarten ist»: **Verrechnet werden darf nur die Teuerung bis heute.**
> - «Unser Hypothekarsatz ist nicht gesenkt worden/ Wir haben eine Festhypothek»: **Massgebend ist einzig der Referenzzinssatz.**
> - «Wir möchten vorerst die weitere Zinsentwicklung abwarten»: **Nicht akzeptieren.**

Zürcher Kantonalbank (ZKB) den Hypothekarzins auf 4,5 Prozent anhob. Der Mietzins von Fr. 2000.– ist seither unverändert geblieben, obwohl der Hypothekarzins in mehreren Schritten auf 3 Prozent fiel. Zweimal teilte der Vermieter mit, er reduziere den Mietzins nicht, weil dieser ohnehin unter dem orts- und quartierüblichen Niveau liege. Als die ZKB im November 2007 bekannt gab, dass der Hypozins per 1. April 2008 auf 3,5 Prozent erhöht werde, wollte Mario Trezzini erfahren, ob er mit einer Mietzinserhöhung rechnen müsse oder ob er sogar eine Mietzinsreduktion zugut habe.

In der Rechtsberatung wird der Mietzins von Mario Trezzini Punkt für Punkt überprüft. Dabei geht die Rechtsberaterin von der letzten Mietzinserhöhung im Jahr 2000 aus:

- **Hypothekarzins.** Die Differenz zwischen dem Hypozins bei der letzten Mietzinserhöhung (4,5 %) und dem neuen Hypozins (3,5 %) ergibt einen Senkungsanspruch von (siehe Tabelle auf Seite 58): **10,71 %**
- **Teuerung.** Bei der letzten Mietzinserhöhung stand der Landesindex der Konsumentenpreise auf 106,1 Punkten (siehe Tabelle, Kapitel 12). Bis Ende November 2007 erhöhte er sich auf 114,3 Punkte. Die Differenz von 8,2 Punkten wird gemäss Formel mit 100 multipliziert und durch den Anfangsstand geteilt: So ergibt sich eine Teuerung von 7,7 %. Davon darf der Vermieter maximal 40 % auf den Mietzins abwälzen bzw. verrechnen: **+3,09 %**
- **Unterhalt/Abgaben.** Da der Vermieter praktisch keine Unterhaltsarbeiten ausführen liess, wird Mario Trezzini in Anbetracht der Zürcher Praxis empfohlen, dem Vermieter eine jährliche Pauschale von 0,5 % zuzugestehen. Für die Zeit von Juni 2000 bis November 2007 ergibt dies: **+3,75 %**
- **Saldo.** Zieht man vom Senkungsanspruch (10,71 %) die beiden Erhöhungsmöglichkeiten (total 6,84 %) ab, ergibt sich unter dem Strich eine Herabsetzung des bisherigen Mietzinses (Fr. 2000.–) um: **3,87 %**, also um **Fr. 77.–**
- **Vorbehalte.** Bei der letzten Mietzinsfestsetzung hat der Vermieter keinen Vorbehalt angebracht, den man nun prüfen müsste.
- **Weitere Argumente des Vermieters.** Die Behauptung, der Mietzins liege unter dem orts- und quartierüblichen Niveau, finden Mario Trez-

zini und auch die Rechtsberaterin fadenscheinig.

Der Vermieter müsste den Mietzins also um volle 77 Franken herabsetzen. Mario Trezzini ist trotzdem unsicher, ob sich eine Anfechtung lohnt. Die Rechtsberaterin erklärt ihm, dass eine solche Anfechtung nicht kompliziert sei und dass er anschliessend einen dreijährigen Kündigungsschutz geniesse (siehe auch Seite 65).

Mario Trezzini ist erleichtert. Er nimmt sich vor, eine allfällige Mietzinserhöhung anzufechten und gleichzeitig eine Senkung des Mietzinses zu verlangen. Die Rechtsberaterin hat ihm nämlich dringend geraten, die nächste Mietzinserhöhung anzufechten: Falls er dies bei der ersten Erhöhung verpasse, könne er später nicht mehr geltend machen, der Vermieter habe seinerzeit die Hypothekarzinssenkungen nicht weitergegeben.

Und wenn der Anspruch auf Mietzinssenkung nicht geltend gemacht wird? Wenn der Vermieter die Hypozinssenkungen nicht von sich aus weitergibt, müssen die Mieter selber aktiv werden. Wie bereits früher erwähnt, fehlt in der Schweiz eine behördliche Mietzinskontrolle. Nicht wenige Vermieter warten deswegen einfach ab, ob die Mieter ihren Senkungsanspruch geltend machen. Fazit: Falls Sie trotz gesunkenem Referenzzinssatz nichts unternehmen, bleibt der Mietzins vorerst unverändert.

Hat der Mieter es also unterlassen, auf eine Mietzinssenkung zu pochen, so ist damit noch nicht alles verloren. Denn sollte der Vermieter zu einem späteren Zeitpunkt den Mietzins erhöhen, können die Mieter ihm spätestens dann das Argument entgegensetzen, dass er den gesunkenen Referenzzinssatz nicht an sie weitergegeben habe.

Wer allerdings einmal eine Erhöhung akzeptiert hat, die mit gestiegenem Referenzzinssatz begründet wurde, kann sich bei einer weiteren (übernächsten) Mietzinserhöhung nicht mehr darauf berufen, dass der Vermieter seinerzeit die Hypothekarzinssenkungen nicht weitergegeben habe.

Kann man den Anfangsmietzins anfechten? Sie können den Anfangsmietzins innerhalb von 30 Tagen ab Wohnungsübernahme (Erhalt der Schlüssel) bei der Schlichtungsbehörde anfechten, falls folgende Bedingungen gegeben sind:
- falls Ihr Mietzins erheblich (das heisst mindestens 10 Prozent) höher ist als derjenige Ihres Vorgängers oder
- falls Sie wegen Mangels an freien Wohnungen (und damit fehlenden Alternativen) zum Abschluss des Mietvertrags gezwungen waren oder
- falls Sie wegen einer persönlichen oder familiären Notlage (familiäres Zerwürfnis, Wechsel des Arbeitsorts) zum Abschluss des Mietvertrags gezwungen waren.

In all diesen Fällen prüft die Schlichtungsbehörde, ob der Mietzins missbräuchlich ist. Verpassen Sie aber die Frist von 30 Tagen, können Sie sich bei späteren Mietzinserhöhungen nicht mehr auf einen übersetzten Anfangsmietzins berufen.

Den bisherigen Mietzins erfahren Sie von Ihrem Vorgänger oder vom Vermieter, der Ihnen darüber Auskunft zu geben hat. In den Kantonen Freiburg, Genf, Neuenburg, Nidwalden, Waadt, Zug und Zürich muss der Vermieter die Mieter mit einem amtlichen Formular über den bisherigen Mietzins und über die Anfechtungsmöglichkeit informieren (Stand April 2018).

Wurde der Mietzins gegenüber dem Vormietzins erhöht, muss die Erhöhung auf dem Formular begründet werden. Der Vermieter muss auch begründen, wenn bisher im Nettomietzins enthaltene Nebenkosten neu separat mit dem Mieter abgerechnet werden. Es gelten die gleichen Vorschriften wie bei einer Mietzinserhöhung. Eine ungenügende Begründung führt zur Nichtigkeit des mitgeteilten Mietzinses. Eine Nichtigkeit kann auch nach 30 Tagen noch bei der Schlichtungsbehörde geltend gemacht werden.

Das Anfechtungsverfahren. Wer eine Mietzinserhöhung anfechten möchte oder eine Herabsetzung des Mietzinses beansprucht, muss rasch handeln. Denn ab dem Zeitpunkt, in dem der Mieter das Erhöhungsformular empfängt, beziehungsweise ab dem Zeitpunkt des abschlägigen Schreibens auf das Senkungsbegehren verbleiben genau 30 Tage Zeit, um den Mietzins bei der Schlichtungsbehörde des Wohnortes anzufechten.

Bei der Schlichtungsbehörde (Adressen siehe Kapitel 12) stehen meistens Formulare zur Verfügung, welche die Mieter ausfüllen und zusammen mit den Unterlagen (Kopie Mietvertrag, bisherige Mietzinserhöhungen, wichtige Korrespondenz mit dem Vermieter) einreichen können.

Selbstverständlich kann man auch einfach der Schlichtungsbehörde schreiben. Bei einer Mietzinserhöhung genügt es, das Formular der Mietzinserhöhung mit den weiteren Unterlagen einzureichen und in einem Begleitbrief darauf hinzuweisen, dass man die Mietzinserhöhung anfechten möchte. Das Schlichtungsverfahren verläuft nach dem gleichen Muster wie bei der Anfechtung der Kündigung (siehe Musterbrief 10, Kapitel 11).

In der überwiegenden Zahl der Fälle kommt es durch die Vermittlung der Schlichtungsbehörde zu einem Vergleich. Bei Senkungsbegehren kommen die Vermieter den Mietern sogar oft noch vor der Schlichtungsverhandlung entgegen. Dies nennt man eine aussergerichtliche Einigung oder einen aussergerichtlichen Vergleich.

Wenn keine Einigung zustandekommt, kann die Schlichtungsbehörde entweder lediglich feststellen, dass sich die Parteien im Schlichtungsverfahren nicht geeinigt haben, oder sie kann den Parteien einen Urteilsvorschlag unterbreiten.

Stellt sie nur die Nichteinigung fest, gilt Folgendes: Geht es um eine Mietzinserhöhung, hat der Vermieter ab Erhalt der Klagebewilligung 30 Tage Zeit, um die Sache dem zuständigen Gericht vorzulegen. Beanspruchen die Mieter eine Mietzinssenkung, liegt es an ihnen, ab Erhalt der Klagebewilligung innert 30 Tagen das Gericht anzurufen. In einem solchen Fall ist es ratsam, Rücksprache mit einer Rechtsberatungsstelle zu nehmen.

Unterbreitet die Schlichtungsbehörde den Parteien einen Urteilsvorschlag, haben beide Parteien die Möglichkeit, diesen Vorschlag innert 20 Tagen abzulehnen. Die Schlichtungsbehörde stellt bei Ablehnung des Urteilsvorschlags der ablehnenden Partei die Klagebewilligung zu. Ab Erhalt der Klagebewilligung hat diejenige Partei, die auf ihrem Anspruch besteht, 30 Tage Zeit, um Klage beim zuständigen Gericht einzureichen.

Während des Schlichtungsverfahrens bleibt der Mietzins unverändert. Da das Verfahren längere Zeit dauern kann, ist es möglich, dass der Mietzins rückwirkend angepasst werden muss.

Die Risiken einer Anfechtung. Führt das Anfechten zu einem Vergleich, geniessen Mieter einen dreijährigen Kündigungsschutz (siehe Kapitel 9). Der Kündigungsschutz entfällt aber, wenn sie sich mit dem Vermieter nicht einigen können und dann darauf verzichten, das Gericht anzurufen.

Sobald das Gericht entscheiden muss, gilt die dreijährige Sperrfrist – mit einer Ausnahme: Wenn der Vermieter im grossen Ganzen recht bekommt.

Schlichtungsverfahren sind generell kostenlos. Erst das Gerichtsverfahren bringt für beide Parteien ein (nicht geringes) Kostenrisiko mit sich. Wer an den eigenen Erfolgsaussichten zweifelt, für den lohnt sich also eine gewisse Kompromissbereitschaft mit dem Ziel, eine Einigung anzustreben.

**5
Mietzinssenkung**

6 Wenn Mängel das Wohnen behindern
Wer bezahlt die Reparaturen?

Die Grossbaustelle nebenan beeinträchtigt das Wohnen. Oder das Dach hat ein Leck und es tropft in die gute Stube. Was lässt sich gegen solche Ärgernisse tun?

Als Mangel im Sinne des Gesetzes gilt grundsätzlich alles, was den vertragsgemässen Gebrauch der Mietsache stört oder beeinträchtigt. Nicht nur der Schimmelpilz an den feuchten Wänden und der defekte Herd sind somit Mängel, sondern auch das tägliche Schlagzeughämmern der Nachbarin, der üble Geruch des Fischladens im Parterre oder die ungenügende Beheizung der Wohnung können Mängel sein.

Bei Mängeln stellen sich verschiedene Fragen, die in diesem Kapitel beantwortet werden. Wer muss den Mangel beseitigen: Vermieter oder Mieter? Wer zahlt dafür? Wann, wie und wem müssen Mieter den Mangel melden? Wie sollen die Mieter beim Auftreten von Mängeln genau vorgehen?

Kleine Mängel sind Sache des Mieters. Mängel, die durch kleine Reinigungen oder Ausbesserungen behoben werden können, muss der Mieter selber beseitigen oder auf eigene Kosten beheben lassen. Dies gilt unabhängig davon, ob der Mieter schuld daran ist oder nicht.

Was sind nun aber «kleine Mängel» im Sinne dieser Bestimmung? Da das Gesetz einen erheblichen Interpretationsspielraum zulässt, tauchen beim Beantworten dieser Frage immer wieder Probleme auf.

Mängel sind klein, wenn:

- sie eine Folge der täglichen Abnutzung sind. Eine ganze Anzahl solcher Abnutzungsschäden müssen von Zeit zu Zeit behoben werden (siehe Kasten). Treten diese Schäden jedoch innert kurzer Zeit gehäuft auf, weil etwa die Einrichtung veraltet oder defektanfällig ist, müssen Schäden nicht mehr vom Mieter behoben werden. So muss er zum Beispiel nicht jede Woche sämtliche Sicherungen auswechseln, weil die Elektroanlage der Liegenschaft defekt ist.
- ein durchschnittlich begabter Mieter einen Mangel selber beheben kann. Sobald ein Fachmann unumgänglich ist, hat der Vermieter für die Behebung das Mangels aufzukommen. Lässt sich beispielsweise das verstopfte Ablaufrohr mit den üblichen Hilfsmitteln entstopfen, ist dies Sache des Mieters. Muss aber ein Fachmann beigezogen werden, muss der Vermieter die Kosten übernehmen.
- wenn die Reparatur weniger als 150 Franken kostet. Aber auch hier gilt: Wenn für die Reparatur ein Fachmann beigezogen werden muss, muss der Mieter nicht für die Kosten aufkommen, auch wenn die Rechnung weniger als 150 Franken beträgt.

Abnützungsschäden

Kleine Mängel

- WC-Brillen und Duschschläuche ersetzen
- Defekte Sicherungen und Glühlampen ersetzen
- Ersetzen von Fettfiltern in Küchenventilatoren
- Abschrauben und Reinigen von Siphon

In vielen Formular-Mietverträgen sind die kleinen Mängel aufgelistet. Es kann deshalb nie schaden, den Mietvertrag zur Hand zu nehmen und dort in den allgemeinen Bedingungen nachzulesen, ob der konkrete Mangel zu den kleinen zählt.

Lassen Sie sich aber nicht verunsichern, wenn darin ein Mangel aufgeführt ist, der gemäss den vorgenannten Kriterien gar kein kleiner Mangel ist. Ausschlaggebend sind die Kriterien der drei vorgängig erwähnten Punkte und nicht das, was in den allgemeinen Bedingungen aufgeführt ist. Diese sind ungültig, wenn sie nicht mit dem Gesetz vereinbar sind.

Unzulässig sind auch vertragliche Vereinbarungen, die dem Mieter unabhängig von der Höhe der Reparaturkosten einen Selbstbehalt auferlegen.

Gewisse Mietverträge kennen auch Klauseln, welche die Kostenlimite für kleine Mängel von der Höhe des Mietzinses abhängig machen und beispielsweise die Grenze bei 1 Prozent des Jahresnettomietzinses ziehen. Solche Vertragsklauseln sind allerdings problematisch.

Weil das Gesetz in diesem Zusammenhang auch auf den Ortsgebrauch verweist, kann man im Zweifelsfall direkt bei der Schlichtungsbehörde nachfragen (Adressen der Schlichtungsbehörden siehe Kapitel 12). Dort wird man Sie darüber informieren, ob etwa eine einzelne defekte Herdplatte gemäss der örtlichen Praxis ein «kleiner Mangel» ist, den Sie selber beheben müssen.

In diesem Kapitel

- 66 Kleine Mängel sind Sache des Mieters
- 67 Zahlen muss, wer etwas verschuldet hat
- 68 Grössere Mängel sind Sache des Vermieters
- 69 Das Recht auf Mietzinsherabsetzung
- 71 Das Recht auf Hinterlegung des Mietzinses
- 73 Das Recht auf fristlose Kündigung
- 73 Das Recht auf Selbsthilfe – mit Vorsicht zu geniessen

Liegt ein kleiner Mangel vor, hat der Mieter ihn selber zu beseitigen. Und wer jemanden damit beauftragt, muss die Rechnung selber bezahlen.

Diese Regelung gilt allerdings in zwei Fällen nicht:

■ Wenn der kleine Mangel bereits beim Einzug existierte: Bei Mietbeginn haben Sie Anspruch darauf, dass der Vermieter die kleinen Mängel beheben lässt. In diesem Fall haben Sie das Recht, den Vermieter bei der Wohnungsübergabe (oder sofort nach dem Einzug) schriftlich und eingeschrieben auf solche kleinen Mängel aufmerksam zu machen und ihn um ihre Behebung zu bitten.

■ Bei kleinen Reparaturen von Geräten und Einrichtungen, die aufgrund ihres Alters ohnehin abgeschrieben sind, entfällt die Zahlungspflicht (siehe dazu auch Kapitel 10).

Zahlen muss, wer etwas verschuldet hat. Der Mieter hat die Pflicht, zur Wohnung Sorge zu tragen. So will es nicht nur der Vermieter, sondern auch das Gesetz. Wer also mit dem Mietobjekt un-

6 Mängel Reparaturen

sorgfältig umgeht und Schäden verursacht, ist selber dafür verantwortlich und kann keine Ansprüche gegenüber dem Vermieter geltend machen.

Mieterinnen und Mieter sind auch nur Menschen – und somit nicht unfehlbar. Also kann es auch Ihnen passieren, dass Sie am Morgen beim Verlassen des Hauses vergessen, das Dachfenster zu schliessen. Sollte im Verlaufe des Tages ein Gewitter aufziehen und auf dem Parkett einen Wasserschaden verursachen, müssen Sie die Reparatur selber zahlen.

In der Praxis ist es aber häufig umstritten, ob ein Schaden durch eine Verletzung der Sorgfaltspflicht des Mieters entstanden ist. Handelt es sich beispielsweise bei einem wiederholten Defekt an der Waschmaschine um eine Abnützungserscheinung oder ist eine unsachgemässe Bedienung daran schuld? Ist die Feuchtigkeit in der Wohnung auf mangelndes Lüften oder auf die ungenügende Isolierung der Hausmauern zurückzuführen?

In solchen Zweifelsfällen sollten Sie dem Vermieter den Schaden sofort schriftlich und eingeschrieben melden. Stellt sich dieser auf den Standpunkt, Sie hätten den Mangel verschuldet, wird er dies sicherlich umgehend mitteilen. Begründet er seine Ansicht mit tatsachenwidrigen Behauptungen, sollten Sie dies wiederum schriftlich und eingeschrieben richtigstellen. Führt die gegenseitige «Überzeugungsarbeit» zu keinem Ergebnis, so ist jetzt der Zeitpunkt für den Gang zur Beratungsstelle.

Wer eine Haftpflichtversicherung hat, sollte eine entsprechende Schadenanzeige erstatten. Wie bei Versicherungen üblich, wird sie den Schaden nur übernehmen, wenn sie aufgrund des Versicherungsvertrags dazu verpflichtet ist. Dies ist in der Regel nur dann der Fall, wenn der Mieter dem Vermieter gegenüber auch tatsächlich haftbar ist.

Grössere Mängel sind Sache des Vermieters. Liegt weder ein kleiner noch ein selbst verschuldeter Mangel vor, ist es die Pflicht des Vermieters, den Schaden beseitigen zu lassen.

Grundsätzlich gehört es nämlich zu seiner Verantwortung, das Mietobjekt in einem Zustand zu erhalten, der für den «vorausgesetzten Gebrauch» taugt, wie das Gesetz es nennt.

Und auf dieses Recht zum allgemeinen Unterhalt der Wohnung kann der Mieter nicht im Voraus verzichten. Mietverträge, die den allgemeinen Unterhalt der Wohnung dem Mieter übertragen, sind ungültig. Mit anderen Worten: Selbst wenn Ihr Mietvertrag eine solche oder ähnliche Vereinbarung enthält, können Sie trotzdem die im Folgenden aufgezählten Möglichkeiten in Anspruch nehmen, um die Beseitigung der Mängel zu erreichen. Diese Möglichkeiten, sein Recht durchzusetzen, sollen den Vermieter «motivieren», die dringend nötigen Reparaturen auszuführen.

Mängel sind vom Vermieter selbst dann auf eigene Kosten zu

beseitigen, wenn ihn gar kein Verschulden trifft. So muss der Vermieter auch Schäden, die von einer Drittperson verursacht wurden, selber zahlen.

Es ist also beispielsweise Sache des Vermieters, die von einem Einbrecher beschädigte Wohnungseingangstür flicken zu lassen.

Bei Abnützungserscheinungen kommt es nicht darauf an, wann letztmals renoviert wurde. Entscheidend ist, ob der Zustand noch akzeptabel ist. Beispiel: Die Wohnung von Julia Studer wurde vor 13 Jahren neu gestrichen. Die Wände im Schlafzimmer sind noch in Ordnung, jene im Wohnzimmer sind unansehnlich. Julia Studer kann vom Vermieter nur verlangen, dass er das Wohnzimmer auf seine Kosten neu streichen lässt.

Etwas darf aber nicht vergessen werden: Keine Mängelrechte ohne vorgängige Mängelrüge! Das Gesetz sagt es klar: «Der Mieter muss Mängel, die er nicht selber zu beseitigen hat, dem Vermieter melden.» Will man nun den Vermieter dazu bringen, dass er einen Mangel behebt, muss man den Schaden also melden – am besten schriftlich und eingeschrieben (siehe Musterbrief 6, Kapitel 11).

Mieter können sogar für Schadenersatz belangt werden, falls sie die Mängelrüge zu spät oder gar nicht schicken. Dies gilt dann, wenn mit der sofortigen Meldung ein weiterer Schaden hätte verhindert werden können. Umso wichtiger ist es also, dem Vermieter schriftlich und eingeschrieben eine möglichst genaue Schilderung des Mangels zu schicken. So hat man im Notfall ein Beweisstück in der Hand.

Das Recht auf eine Mietzinsherabsetzung. Wenn das Mietobjekt einen Mangel aufweist, der die Benutzung nach Mietvertrag beeinträchtigt, kann man vom Vermieter verlangen, dass er den Mietzins herabsetzt; und zwar im Verhältnis zum Grad der Beeinträchtigung. Dabei spielt es keine Rolle, ob den Vermieter ein Verschulden an diesem Mangel trifft oder nicht.

Keinen Herabsetzungsanspruch haben Mieter freilich, wenn sie den Mangel selber verursacht haben.

Frage

Müssen alle Mieter für die Reinigung der Abwasserleitung zahlen?

«Wir wohnen mit drei anderen Mietparteien in einem vierstöckigen Haus. Kürzlich war das Hauptrohr aller Abwasserleitungen durch ein Stück Stahlwatte verstopft. In der Folge musste ein Sanitärinstallateur das Rohr reinigen. Die Rechnung belief sich auf 850 Franken. Da keiner von uns Mietern am Schaden schuld sein will, fordert der Vermieter nun von jeder Partei je ein Viertel der Reinigungskosten. Darf er das?»

Nein. In diesem Fall müssen Sie als Hausbewohner die Kosten der Rohrreinigung nicht übernehmen. Der Grund: Mieterinnen und Mieter können nur für Schäden belangt werden, die sie schuldhaft und nachweisbar verursacht haben. Kann der Verursacher nicht ermittelt werden, muss der Hauseigentümer den Schaden auf eigene Kosten beheben lassen, denn das Mietrecht kennt keine Sippenhaftung.

Mehr noch: Eine Vertragsbestimmung, die bei «anonymen» Schäden alle Mieter solidarisch zur Kasse bittet, wäre ungültig.

Das Recht auf Reduktion des Mietzinses besteht auch dann, wenn die Beeinträchtigung von Dritten verursacht wurde, zum Beispiel von einem Nachbarn im Haus oder dem Eigentümer des Nachbargrundstücks.

Sie können die Mietzinsreduktion für die ganze Dauer der Beeinträchtigung geltend machen – und zwar genau ab dem Zeitpunkt, zu dem der Vermieter Kenntnis vom Mangel erhielt. Das bedeutet meistens ab Empfang der Mängelrüge.

Von Fall zu Fall

**Feuchte Wohnung:
Liegts wirklich am Lüften?**

Wohn- und Schlafzimmer in der Wohnung von Sandra Hostettler sind abnormal feucht. Sie reklamiert deswegen beim Hausbesitzer. Doch der erwidert in einem Brief, die Feuchtigkeit gehe ihn nichts an: Ungenügendes Lüften sei die Ursache für den Pilzbefall an den Wänden, die Mieterin somit selber schuld.

Sandra Hostettler ist nicht einverstanden. Sie weiss um die mangelhafte Isolation des Gebäudes und lüftet täglich mindestens zweimal kurz durch. Ausserdem ist ihr bekannt, dass ihre Nachbarn genauso über Feuchtigkeit in ihren Wohnungen klagen.

Die Rechtsberaterin des Mieterverbandes rät deshalb Sandra Hostettler, den Vermieter mit einem eingeschriebenen Brief aufzufordern, das Problem der Feuchtigkeit (ein Mangel im Sinne des Gesetzes) innert Monatsfrist zu beheben. Ansonsten werde sie den Mietzins hinterlegen und eine angemessene Herabsetzung des Mietzinses verlangen.

Die Rechtsberaterin des Mieterverbandes schätzt Hostettler Prozesschancen als aussichtsreich ein. Die Tatsache, dass auch die anderen Wohnungen feucht sind, sei ein gewichtiges Indiz dafür, dass Hostettler kein Verschulden treffe. Sie empfiehlt ihr aber dennoch, für einen allfälligen Prozess einen Rechtsanwalt beizuziehen.

Sind die Voraussetzungen für die Mietzinsherabsetzung erfüllt, schicken Sie dem Vermieter ein entsprechendes schriftliches Begehren. Häufig lässt sich im Gespräch eine für beide Seiten akzeptable Lösung finden – noch vor dem Gang zur Schlichtungsbehörde (siehe Musterbrief 7, Kapitel 11).

Im Gesetz fehlen klare Richtlinien über den Umfang einer Mietzinsreduktion; deshalb ist hier der Ermessensspielraum sehr gross. Die folgenden Beispiele aus der Praxis helfen, den Verhandlungsrahmen abzustecken (wenn nichts anderes angegeben ist, beziehen sich die Prozentzahlen auf den Nettomietzins der ganzen Wohnung):

- Ausfall des Lifts (Wohnung im 4. Stock): 10 Prozent
- Gesamtes Gebäude im Umbau: 35 Prozent
- lange andauernde und intensive Immissionen aufgrund einer benachbarten Baustelle: 20 bis 35 Prozent, je nach Lage der Wohnung
- Umbau in der Wohnung oben: 25 Prozent, Umbau in der Wohnung unten: 30 Prozent
- übermässig feuchtes und damit praktisch unbrauchbares Zimmer: 80 Prozent des Mietwerts des Zimmers
- Massagesalon in der Wohnliegenschaft: 35 Prozent
- unzureichende Heizung: 16 Prozent (bei kalter Witterung kann ein Heizungsausfall eine Reduktion von 100 Prozent rechtfertigen)
- lärmiger Lift: 15 Prozent

- defekter Ventilator in fensterloser Küche: 15 Prozent
- kein Wasser in der ganzen Wohnung: 50 Prozent.

Da sich allerdings jede Situation von einer anderen unterscheidet, können diese Zahlen nicht ohne weiteres auf andere Fälle übertragen werden. Je nach Zusammensetzung der Schlichtungsbehörde kann die Mietzinsreduktion von Fall zu Fall sehr unterschiedlich ausfallen. Hier gibt es auch sehr grosse regionale Unterschiede.

Mieter sollten auf keinen Fall eigenmächtig eine Summe vom Mietzins abziehen. Sie riskieren sonst eine Zahlungsverzugskündigung. Verweigert der Vermieter zu Unrecht eine Mietzinsreduktion oder kann man sich nicht über ihren Umfang einigen, wendet man sich an die Schlichtungsbehörde.

Das Recht auf Hinterlegung des Mietzinses. Mit diesem Recht verschafft das Gesetz ein geeignetes Druckmittel, mit dem ein Mieter den Vermieter zur Beseitigung des Mangels «motivieren» kann. Sieht der Vermieter seine Mietzinseinnahmen schwinden, ist er in der Regel eher bereit, seinen Verpflichtungen nachzukommen.

Dabei ist es wichtig, korrekt vorzugehen. Folgende Schritte müssen unternommen werden:
- Zuerst melden Sie dem Vermieter den Mangel per eingeschriebenem Brief und setzen ihm eine angemessene Frist zur Behebung.
- Der nächste Schritt besteht darin, dem Vermieter mit der Hinterlegung des Mietzinses zu drohen. Dies kann auch gleichzeitig mit der Mängelmeldung und Fristansetzung geschehen.
- Lässt der Vermieter die angesetzte Frist ungenutzt verstreichen, kündigen Sie ihm die Hinterlegung des Zinses an; erst dann darf man den Mietzins hinterlegen.

Dabei kann der Mieter den Mietzins nicht auf irgendeinem Konto hinterlegen. Man darf also nicht einfach zur eigenen Bank marschieren und sich dort ein persönliches Sperrkonto einrichten lassen.

Frage

Laute Waschmaschine: Haben wir Anspruch auf eine Mietzinsreduktion?

«Unter unserer Mietwohnung befindet sich die Waschküche – und die Waschmaschine verursacht einen gewaltigen Lärm. Das Rattern ist vor allem in der Nacht sehr unangenehm. Wir wurden beim Einzug nicht auf diesen Störfaktor aufmerksam gemacht. Eine Reklamation beim Vermieter brachte nichts. Er weigert sich, eine bessere Isolation anzubringen. Haben wir nun Anspruch auf eine Mietzinsreduktion?»

Ja. Der Anspruch auf eine Herabsetzung des Mietzinses besteht, wenn die Wohnqualität durch Mängel beeinträchtigt wird, für die der Vermieter verantwortlich ist. Es spielt dabei keine Rolle, ob der Mangel schon bei der Übernahme der Wohnung vorhanden war oder erst nachträglich aufgetreten ist. Wenn Sie eine Mietzinssenkung durchsetzen möchten, müssen Sie sich an die Schlichtungsbehörde wenden. Der Zins kann reduziert werden, bis die Störung vom Vermieter behoben worden ist.

Übrigens: Die Zinssenkung kann rückwirkend geltend gemacht werden – und zwar ab dem Zeitpunkt, an dem der Vermieter vom Mangel gewusst hat.

6 Mängel Reparaturen

Der Mietzins darf nur «bei einer vom Kanton bezeichneten Stelle» hinterlegt werden, wie das Gesetz es umschreibt. Wo sich diese Stelle im Wohnsitzkanton befindet, ist bei der Schlichtungsbehörde zu erfahren. Überhaupt empfiehlt sich in diesem Falle der Gang zur zuständigen Schlichtungsbehörde mit dem vorhandenen Beweismaterial in der Tasche (schriftliche Korrespondenz, allfällige Fotos), um sich dort über das genaue Vorgehen zu erkundigen.

Ist der Mietzins amtlich hinterlegt, gilt er als bezahlt. Mieter müssen also keine Nachteile wegen unbezahlten Mietzinses befürchten.

Bleibt der Vermieter weiterhin tatenlos, muss man innert 30 Tagen seit der Fälligkeit des ersten hinterlegten Mietzinses die Forderungen bei der Schlichtungsbehörde geltend machen (siehe Musterbrief 8, Kapitel 11).

Ein Beispiel: Am 18. Dezember fällt in einem Mehrfamilienhaus die Zentralheizung aus. Einen Tag später fordern die Mieter der Liegenschaft den Vermieter in einem gemeinsamen Schreiben auf, die defekte Heizanlage sofort reparieren zu lassen.

Bis zum 21. Dezember hat sich der Vermieter der Sache noch nicht angenommen. Die frierenden Mieter setzen ihm eine zweite und letzte Frist bis zum 25. Dezember und drohen ihm gleichzeitig die Hinterlegung des Mietzinses an.

Da die Heizung auch am 25. Dezember noch nicht funktioniert, künden die Mieter dem Vermieter schriftlich an, den Mietzins nun – wie angedroht – amtlich zu hinterlegen. Am 27. Dezember zahlen sie den Mietzins für den Januar auf das behördlich errichtete Konto ein.

Da sich der Vermieter weiterhin unbeeindruckt zeigt und nichts unternimmt, müssen die einzelnen Mietparteien innerhalb von 30 Tagen seit Fälligkeit des Januar-Mietzinses ihre Ansprüche bei der zuständigen Schlichtungsbehörde geltend machen.

Wird nun nicht innert 30 Tagen geklagt, fallen die hinterlegten Mietzinse dem Vermieter zu – und die Schlichtungsbehörde entscheidet nicht über den Mangel.

Der Musterbrief 8 in Kapitel 11 schildert folgenden Fall: Durch ein Leck im Dach drang Wasser in die Wohnung ein und zerstörte den Parkettboden im Wohnzimmer. Da die Vermieterin nichts gegen den Schaden im Dach unternahm, hinterlegten die Mieter den Mietzins.

Wie geht es in diesem Fall weiter? Nachdem die Schlichtungsbehörde die Eingabe der Mieterseite erhalten hat, lädt sie beide Parteien zu einer mündlichen Verhandlung vor und versucht, einen Vergleich zu erwirken. Der könnte so aussehen: Der Vermieter verpflichtet sich, die Mängel innert 10 Tagen zu beheben. Und er gewährt dem Mieter eine Reduktion des Nettomietzinses für die Zeit seit dem 8. September um 10 Prozent.

Kommt im Schlichtungsverfahren keine Einigung zustande, kann die Schlichtungsbehörde entweder die Nichteinigung feststellen oder den Parteien einen Urteilsvorschlag unterbreiten. Wird er akzeptiert, ist er für beide Parteien verbindlich. Wird er von einer oder beiden Parteien abgelehnt, fällt er dahin. Die ablehnende Partei kann innerhalb von 30 Tagen Klage beim Gericht einreichen. Tut sie das nicht, gilt der Urteilsvorschlag trotz vorgängiger Ablehnung als anerkannt. Auch im Falle der Nichteinigung haben die Parteien 30 Tage Zeit, ihre Ansprüche beim Gericht geltend zu machen.

Es kommt durchaus vor, dass der Vermieter schadenersatzpflichtig wird. Wenn also zum Beispiel das Wasser aus dem Leck im Dach einen Perserteppich zerstört hat, muss der Vermieter für diesen Schaden aufkommen. Oder er muss die Hotelkosten übernehmen, falls der Mieter die Wohnung zeitweise verlassen muss.

Voraussetzung ist aber, dass den Vermieter ein Verschulden am Mangel trifft. Das Verschulden wird vom Gesetz vermutet. Dem Vermieter steht der Beweis offen, dass er den Mangel nicht verschuldet hat (Exkulpationsbeweis). Beim Beispiel mit dem Perserteppich könnte man ihm vorwerfen, dass er seiner Unterhaltspflicht nicht rechtzeitig nachgekommen ist, weil er die längst fällige Sanierung des schadhaften Dachs verschlampt hat.

Das Recht auf fristlose Kündigung. In Zeiten der Wohnungsknappheit nützt das Recht auf fristlose Vertragsauflösung meist wenig. Bekanntlich ist es nicht ganz einfach, innert nützlicher Frist eine neue und passende Wohnung zu finden. Trotzdem erläutern wir der Vollständigkeit halber auch diese Möglichkeit, zu seinem Recht zu kommen.

Der Rücktritt vom Mietvertrag noch vor dem Einzug und die fristlose Kündigung eines bestehenden Mietverhältnisses kommen nur in Betracht, wenn die Wohnung bei Mietbeginn oder während des laufenden Mietverhältnisses schwere Mängel aufweist. Schwer ist ein Mangel immer dann, wenn er die Gesundheit der Mieter gefährdet.

Beispiele für schwere Mängel:
- Im Winter funktioniert die Heizung nicht.
- Starker Schimmelpilzbefall in allen Räumen. Grund: Die Feuchtigkeit kann wegen ungenügender Isolation eindringen.
- Lärm aus der benachbarten Diskothek, der den nächtlichen Schlaf nicht mehr zulässt.

Wer nun den Mietvertrag fristlos auflösen möchte, hat zuerst dem Vermieter den Mangel schriftlich zu melden und ihm eine angemessene Frist zur Beseitigung einzuräumen. Erst wenn die Frist ungenutzt verstrichen ist, können Sie den Mietvertrag fristlos kündigen; und zwar mit eingeschriebenem Brief und unter Hinweis auf den schweren Mangel, der nicht beseitigt wurde.

Von diesem Recht sollten Sie allerdings nur Gebrauch machen, nachdem Sie eine Rechtsberatung aufgesucht haben.

Das Recht auf Selbsthilfe – mit Vorsicht zu geniessen. Oft wäre ein Mangel schneller beseitigt, wenn die Mieter das Nötige sel-

6 Mängel Reparaturen

ber veranlassen könnten. Nur: Dürfen Mieter dies tun? Oder sind sie allenfalls gar dazu verpflichtet?

Zwar gibt das Gesetz den Mietern das Recht, einen mittelschweren Mangel auf Kosten des Vermieters beseitigen zu lassen, wenn der Vermieter nicht innert angemessener Frist nach der Mängelrüge entsprechend reagiert hat.

Dieses Vorgehen ist allerdings nur dann empfehlenswert, wenn man absolut sicher ist, dass es Sache des Vermieters gewesen wäre, den Mangel zu beheben.

Zudem ist die Definition des «mittelschweren» Mangels immer

Von Fall zu Fall

Lärm – ein häufiges Ärgernis

Zu den störendsten Beeinträchtigungen gehört der Lärm. Dazu ein Beispiel: Laura Karrer ist wie viele andere Bewohnerinnen und Bewohner im Haus Rentnerin. Kürzlich wurde im Parterre die bis anhin gemütliche Quartierbeiz in ein Dancing umgewandelt. Seither ist es mit der Nachtruhe von Laura Karrer und ihren Wohnungsnachbarn vorbei.

In der Rechtsberatung wird Karrer darüber aufgeklärt, dass diese Lärmbelästigung ein Mangel im Sinne des Gesetzes ist. Falls der Vermieter auch nach schriftlicher Mitteilung weiterhin untätig bleibe, könne sie zur Durchsetzung ihres Rechts auf ungestörtes Wohnen den Mietzins hinterlegen und eine angemessene Herabsetzung des Mietzinses verlangen.

Schwieriger ist die Beratung von Mietern, die sich von ihren Nachbarinnen oder Nachbarn gestört fühlen. Ob der Nachbar gegen die Hausordnung verstösst oder nicht: Bevor Sie in harschem Ton einen Reklamationsbrief schreiben, sollte das direkte, aber besonnene Gespräch vorangehen. Vielleicht realisiert der Nachbar gar nicht, wie sehr er Sie stört.

Möglicherweise lassen sich ohne grossen Aufwand wirkungsvolle Massnahmen ergreifen – zum Beispiel Stühle und Tische mit Filzunterlagen versehen, im Kinderzimmer einen Teppich verlegen, Lautsprecher anders platzieren usw.

Wird die Pflicht zur gegenseitigen Rücksichtnahme jedoch trotz aller Bemühungen und Toleranz weiterhin ignoriert, bleibt wohl kein anderer Weg, als den Vermieter um eine Intervention zu bitten. Denn auch in diesem Fall haben die Mieter Anspruch darauf, dass er für Abhilfe sorgt: Sei es durch eine Mahnung, durch Massnahmen zur Schallisolation oder im schlimmsten Fall durch eine Kündigung des Störenfrieds. Unternimmt der Vermieter nichts, empfiehlt es sich, das weitere Vorgehen in einer Rechtsberatung abzuklären.

Die Mängelrechte stehen dem Mieter unabhängig vom Verschulden des Vermieters zu: Die Baustelle auf dem benachbarten Grundstück kann also ebenso ein Grund für eine Mietzinsherabsetzung sein wie der neue Druckereibetrieb im Hinterhof.

Wenn es möglich ist, die Beeinträchtigung durch bauliche oder andere Massnahmen auf ein akzeptables Mass zu reduzieren, kann der Vermieter dazu gezwungen werden – notfalls auf gerichtlichem Weg.

heikel. Im Zweifelsfall und insbesondere bei Reparaturkosten von über 500 Franken ist der Gang zur Schlichtungsbehörde bestimmt der bessere Weg.

Der Handwerker wird sich nämlich mit seiner Rechnung immer an seinen Auftraggeber halten – in diesem Fall also an den Mieter. Falls der Vermieter die Rechnung nicht übernimmt, muss also der Mieter den Handwerker vorläufig selber bezahlen.

Zwar hat er dann die Möglichkeit, den Rechnungsbetrag vom Mietzins abzuziehen. Das ist aber riskant: Der Mieter läuft so Gefahr, mit der Mietzinszahlung in Rückstand zu geraten – wenn sich nämlich später herausstellt, dass er zu Unrecht zur Selbsthilfe gegriffen hat.

Sollte der erboste Vermieter wegen Zahlungsverzugs die Wohnung kündigen, muss sich der Mieter in einem Schlichtungsverfahren dagegen zur Wehr setzen. Er hat damit nicht nur ein Verfahren am Hals, sondern muss gar um den Verbleib in der Wohnung fürchten. Um diese äusserst unangenehme Situation zu vermeiden, empfiehlt sich Folgendes:

■ Sobald der Vermieter mit einer Zahlungsverzugskündigung droht, sollten Mieter den vom Mietzins abgezogenen Rechnungsbetrag doch noch überweisen. Dies unbedingt mit dem Hinweis, dass die Zahlung unter dem Vorbehalt der Rückforderung erfolgt.

■ Anschliessend muss man an die Schlichtungsbehörde gelangen und dort den Rechnungsbetrag zurückfordern. Dies ist zwar etwas umständlicher, dafür muss man nicht um den weiteren Verbleib in der Wohnung bangen.

Schwere Mängel zwingen nicht nur den Vermieter, etwas zu unternehmen, sondern manchmal auch den Mieter. Dann nämlich, wenn weiterer Schaden droht und der Vermieter nicht sofort zu erreichen ist. In diesem Fall müssen die Mieter aktiv werden. Paradebeispiel dafür ist der Gas- oder Wasserleitungsbruch. In solchen Fällen müssen die Bewohner oder Bewohnerinnen selber alles Notwendige veranlassen, um einen grösseren Schaden zu verhindern.

6 Mängel Reparaturen

7 Vom Wohnen auf einem Bauplatz
Der Vermieter will die Wohnung renovieren

Hausrenovationen und Umbauten bringen meistens Umtriebe und nervtötenden Lärm mit sich. Doch nicht jede Hausrenovation muss man akzeptieren: Falls sie für den Mieter «nicht zumutbar» ist, ist sie nicht zulässig.

Auf die Ankündigung eines Umbaus der Liegenschaft reagieren Mieter meistens mit einem lachenden und mit einem weinenden Auge: Man freut sich zwar auf das neue Bad und die neue Küche, denkt aber auch mit Schrecken an die lästigen Umtriebe beim Umbau. Vor allem die in Aussicht gestellte Mietzinserhöhung kann der Freude auf eine komfortablere Wohnung einen massiven Dämpfer verpassen.

Muss man die Renovation überhaupt akzeptieren? Das Gesetz hält dazu lediglich fest, dass der Vermieter Änderungen und Erneuerungen nur dann vornehmen kann, wenn sie für die Mieter zumutbar sind. Es muss also zwischen dem Interesse des Vermieters am Umbau und dem Recht auf ungestörte Nutzung der Mietwohnung abgewogen werden.

Dringlichkeit, Notwendigkeit und Nützlichkeit eines Umbaus sollten in einem vernünftigen Verhältnis zu den Beeinträchtigungen stehen. Je höher der Anteil an notwendigen – oder gar dringlichen – Unterhaltsarbeiten ist, desto eher dürfte ein Umbau zumutbar sein. Hingegen sind grosse Aufwendungen für unnötigen Luxus ein Indiz für die Unzumutbarkeit der Renovation; zumal in diesem Fall eine massive Mietzinserhöhung zu erwarten ist.

So ist beispielsweise der Umbau von Küche und Bad nicht zumutbar, wenn sich diese in der ganzen Liegenschaft noch in tadellosem und funktionstüchtigem Zustand befinden. Hier liegt der Verdacht nahe, dass der Vermieter mit seinem Umbauvorhaben vor allem eine Renditensteigerung beabsichtigt.

Erhält Ihr Vermieter hingegen die behördliche Auflage, seine alte Heizungsanlage durch eine neue, umweltschonendere zu ersetzen, werden Sie den Einbau nicht verhindern können. Eine solche Erneuerung gilt als zumutbar – sofern sie nicht im Winter vorgenommen wird.

Zu beachten ist in diesem Zusammenhang auch: Je unzumutbarer (sprich: luxuriöser) umgebaut werden soll, desto eher wird der Vermieter dazu neigen, vorher allen im Haus zu kündigen. So steht ihm bei seinem Vorhaben kein lästiger Mieter mehr im Weg.

Nicht zumutbar ist eine Renovation oder Änderung am Mietobjekt in der Regel dann, wenn die Wohnung bereits gekündigt ist. Dabei spielt es keine Rolle, von wem die Kündigung ausgegangen ist. Während der Dauer eines erstreckten Mietverhältnisses kann der Vermieter Renovationen nur ausnahmsweise gegen den Willen des Mieters durchführen.

Erweist sich jedoch das Umbauvorhaben des Vermieters als zumutbar, hat sich der Mieter wohl oder übel damit abzufinden. Viele der anstehenden Umbauprobleme lassen sich mit einer guten Bauplanung zumindest in Grenzen halten.

In der Regel wird der Vermieter eine gewisse Kooperationsbereitschaft verlangen. Er ist aber im Gegenzug verpflichtet, den Mieter möglichst frühzeitig und umfassend über den geplanten Umbau zu orientieren. Dies geschieht entweder schriftlich oder anlässlich einer Mieterversammlung.

Kernstück dieser Information bildet der Renovationsplan: Er enthält detaillierte Angaben über die vorgesehenen Arbeiten und einen genauen Zeitplan, aus dem ersichtlich ist, wann welche Wohnungen von welchen Einschränkungen betroffen sind. Sollte der Vermieter die Mieter nur ungenügend aufklären, fordern Sie ihn auf, schriftlich Näheres mitzuteilen (siehe Musterbrief 9, Kapitel 11). Von Vorteil ist dabei, wenn weitere betroffene Mieter diesen Brief unterschreiben.

Der Vermieter ist verpflichtet, bei den Arbeiten auf die Interessen der Mieter Rücksicht zu nehmen. Er wird ihnen – soweit nötig und möglich – Ersatzräume zur Verfügung stellen müssen. Werden beispielsweise in der gesamten Liegenschaft Bad und Küche renoviert, muss er Nottoiletten und rudimentäre Kochmöglichkeiten bereitstellen; eine leer stehende Wohnung im Haus kann diesen Zweck auch erfüllen.

Der Vermieter hat auf seine Mieter Rücksicht zu nehmen. Verletzt er diese Pflicht, wendet man sich am besten an eine Rechtsberatungsstelle. Auf der andern Seite sind auch Mieter verpflichtet, alles Zumutbare vorzukehren, um eine möglichst reibungslose Durchführung der Renovation zu gewährleisten.

Was geschieht, wenn Möbel oder andere Einrichtungsgegenstände beschädigt werden? Dann muss der Vermieter den Schaden ersetzen. Die Unachtsamkeit seiner Handwerker geht auf seine Kappe.

Meistens besteht für den Mieter Anspruch auf einen tieferen Mietzins für die Periode des Umbaus. Denn Renovationen von Liegenschaften führen nun mal zu Beeinträchtigungen der Wohnqualität. In welcher Grössenordnung der Mietzins gesenkt werden soll, muss in jedem Fall einzeln festgelegt werden – entweder im Gespräch mit dem Vermieter oder in einem entsprechenden Verfahren vor der Schlichtungsbehörde (siehe auch Kapitel 6).

Es empfiehlt sich, während der Renovation ein «Umbautagebuch» zu führen. Falls es in einem späteren Verfahren darum gehen sollte, die tatsächlichen Störungen nach-

---

In diesem Kapitel

- 76 Muss man die Renovation überhaupt in Kauf nehmen?
- 77 Der Vermieter hat auf seine Mieter Rücksicht zu nehmen
- 78 Wenn der Mieter umbauen will
- 79 Bei Umbauwünschen die schriftliche Zustimmung des Vermieters einholen
- 79 Wie bemisst sich die Entschädigung für eine Investition?

7 Renovation Umbau

> **Tipp**
>
> ### So können Sie auf den Umbau Einfluss nehmen
>
> Viele Vermieter sichern sich bei einem bevorstehenden Umbau ab, indem sie die Mieter eine Zustimmungserklärung unterschreiben lassen. Bevor Sie Ihr Einverständnis erteilen, informieren Sie sich möglichst genau über das Umbauvorhaben und besprechen alles mit Ihren Nachbarn.
>
> Wenn zum Beispiel alle Mietparteien neue Schallschutzfenster begrüssen, den Einbau von Geschirrspülern aber ablehnen, können sie dies dem Vermieter in einem höflichen Brief mitteilen und ihn bitten, die Sache nochmals zu überdenken. Je mehr Mieter einen solchen Brief unterzeichnen, desto grösser ist die Chance, dass der Vermieter auf die Änderungswünsche eingeht.
>
> Lässt sich der Vermieter trotz Widerstand der betroffenen Mieterschaft nicht von seinem Umbauvorhaben abbringen, kann jede Mietpartei die Zumutbarkeit des Umbaus vom zuständigen Gericht überprüfen lassen.
>
> Ein solches Vorgehen kann sowohl auf einen Umbauverzicht zielen wie auch auf eine Redimensionierung des Vorhabens. Jedenfalls darf bis zum Abschluss des Verfahrens nicht umgebaut werden. Aber Achtung! Dabei handelt es sich um ein sehr risikoreiches Unterfangen. Einerseits ist dieses Verfahren kostenpflichtig. Und unter Umständen kann der Mieter für den Schaden haftbar gemacht werden, der dem Vermieter durch die Verzögerung der Arbeiten entstanden ist. Die Mieter sollten sich daher unbedingt fachkundig beraten lassen, bevor sie den Rechtsweg beschreiten. Auch wenn in solchen Fällen sehr oft sehr rasch gehandelt werden muss.
>
> Auch hier gilt: Je mehr Mieterinnen und Mieter sich wehren, desto grösser ist die Chance auf Erfolg.

zuweisen, können solche Notizen wertvoll sein.

Nun führen grössere Umbauten und Renovationen meist zu mehr Komfort. Man spricht in diesem Zusammenhang von wertvermehrenden Investitionen. Während einer Renovation werden oft auch reine Unterhaltsarbeiten getätigt (z.B. neue Farbanstriche). Doch nur der wertvermehrende Anteil an der gesamten Investition berechtigt zur Mietzinserhöhung (siehe Kapitel 4).

Wenn der Mieter umbauen will. Selbstverständlich kann der Vermieter nicht vorschreiben, wo die Mieter ihr Sofa platzieren oder ihren Picasso aufhängen sollen – in der Einrichtung ihrer Wohnung sind sie frei.

Anders sieht es aus, wenn an der Wohnung Arbeiten vorgenommen werden, welche in die Substanz des Mietobjekts eingreifen und beim Auszug nicht problemlos wieder rückgängig gemacht werden können. Auch wenn der Wunsch nach einem grösseren Wohnzimmer verständlich ist, darf man nach dem Auszug der Tochter nicht ohne Zustimmung des Vermieters die Wand zum Kinderzimmer herausbrechen.

Bei Umbauwünschen die schriftliche Zustimmung des Vermieters einzuholen, ist enorm wichtig. Selbst wenn der Umbau oder die Renovation den Wert der Wohnung erhöht, müssen Mieter den Vermieter vorher um sein Einverständnis bitten.

Verändern Sie nämlich die Wohnung ohne seine Einwilligung, kann er später verlangen, dass Sie den früheren Zustand wiederherstellen. Selbst wenn Sie zu Ihrem Vermieter ein kollegiales Verhältnis haben, sollten Sie auf der schriftlichen Zustimmung bestehen. Das ist kein Ausdruck des Misstrauens, sondern entspricht einer Forderung des Gesetzes, das ausdrücklich die schriftliche Zustimmung des Vermieters verlangt.

Hat der Vermieter zugestimmt, kann er nicht darauf bestehen, dass der ursprüngliche Zustand wiederhergestellt wird.

Ohne sein schriftliches Einverständnis sind Sie aber im Nachteil: Hat beispielsweise der Vermieter seine Zustimmung für das Verlegen eines neuen Parkettbodens nicht erteilt, muss er diese Investition nicht entschädigen. Hat hingegen der Vermieter sein Einverständnis für die bauliche Änderung schriftlich erteilt, können Sie beim Auszug eine Entschädigung verlangen – es sei denn, es wäre etwas anderes vereinbart worden.

Wie bemisst sich die Entschädigung für die Investition? Die Summe richtet sich nach dem Wert zum Zeitpunkt des Auszugs. So können Sie nicht die vollen beispielsweise 12 000 Franken zurückverlangen, die Sie in die neue Küche investiert haben. Sie müssen sich einen angemessenen Abzug für die Abschreibung gefallen lassen. Konkret hat dieser Mieter fünf Jahre nach dem Einbau der neuen Küche noch 8000 Franken zugute: Ein Drittel der Investition ist amortisiert, da von einer Lebensdauer von 15 Jahren ausgegangen werden kann (siehe auch «Lebensdauertabelle» auf Seite 105). Eine andere Möglichkeit, die Entschädigung

Frage

Umbau: Müssen die Mieter die Mietzinserhöhung bezahlen?

Das Ehepaar Graf aus dem Kanton Bern besichtigte ein Einfamilienhaus, das zu vermieten war. Der Dachstock war allerdings überhaupt nicht isoliert. Der Vermieter war nach einigen Diskussionen bereit, das Dach isolieren zu lassen. Herr und Frau Graf unterzeichneten den Mietvertrag. Als sie einzogen, waren die Arbeiten bereits erledigt. Das Ehepaar erhielt aber als Erstes eine saftige Mietzinserhöhung wegen wertvermehrender Investitionen. Müssen Grafs das akzeptieren?

Nein. Grundsätzlich gilt der vereinbarte Mietzins für das Mietobjekt in dem Zustand, in dem es beim Antritt der Miete übergeben wurde. Will der Vermieter die Investition erst nach Beginn des Mietverhältnisses zum Mietzins dazuschlagen (weil die genauen Kosten bei Vertragsabschluss noch nicht bekannt sind), muss er dies mit einem Vorbehalt im Mietvertrag klar zum Ausdruck bringen. Weil das Gesetz vorschreibt, dass ein Vorbehalt in Franken oder in Prozenten des Nettomietzinses beziffert werden muss, hätte der Vermieter zum Beispiel schreiben können: «Mietzinsvorbehalt von maximal 150 Franken für Dachisolation.»

Da ein solcher Vorbehalt in seinem Vertrag fehlt, kann das Ehepaar Graf die Mietzinserhöhung bei der Schlichtungsbehörde anfechten.

zu berechnen: Den Mehrertrag kapitalisieren, den der Vermieter nach Ihrem Auszug dank Ihren Investitionen bei der Weitervermietung erzielen kann.

Zur Vermeidung von Meinungsverschiedenheiten lohnt es sich, mit dem Vermieter eine separate Entschädigungsvereinbarung zu treffen. Dazu ein Beispiel: Sie kennen einen Malermeister, der Ihre ganze 5-Zimmer-Wohnung zu einem Freundschaftspreis von 3000 Franken neu streicht. Also können Sie in einer schriftlichen Vereinbarung festhalten, dass Sie Ihr Vermieter zum Zeitpunkt des Auszuges für das Streichen der Wohnung mit 3000 Franken abzüglich 10 Prozent Abschreibung pro Jahr entschädigt. Ziehen Sie dann nach sechs Jahren aus, schuldet

Frage

Darf der Vermieter verlangen, dass die Parabolantenne auf dem Balkon entfernt wird?

Vor kurzem hat Stephan Rüeggsegger auf dem Balkongeländer eine Parabolantenne installiert; sie ragt über das Geländer hinaus. Jetzt verlangt der Vermieter, dass Rüeggsegger diese wieder entfernt. Er habe dafür keine Zustimmung gegeben und die Antenne verschandle das äussere Bild seines Hauses. Darf der Vermieter dies verlangen?

Die Juristen sind sich in diesem Punkt nicht einig. Grundsätzlich gilt, dass der Mieter den Balkon nach seinen Bedürfnissen und nach seinem persönlichen Geschmack einrichten darf.

Da die Fassade aber nicht zur Mietwohnung gehört, braucht jede Veränderung der Aussenansicht eines Hauses grundsätzlich immer die Zustimmung des Vermieters. Wenn Stephan Rüeggsegger die Parabolantenne auf dem Hausdach befestigt – vor einem seiner Fenster oder eben auf der Aussenseite des Balkons –, muss er deshalb den Vermieter um sein Einverständnis bitten.

Diese Auffassung wird aber von Juristen immer häufiger kritisiert. Ihre Argumente: In einer Welt, die medial zunehmend vernetzter wird, sei das Recht auf persönliche Information höher zu gewichten als das ästhetische Empfinden des Hausbesitzers beziehungsweise Vermieters.

Es kann daher gut sein, dass ein Gericht in einem Fall, in welchem die gewünschten Programme nicht anders empfangen werden können, zugunsten des Mieters entscheidet.

Wichtig: Je nach Kanton ist das Anbringen einer Parabolantenne bewilligungspflichtig. Erkundigen Sie sich im Voraus beim Baudepartement Ihrer Gemeinde.

Um einer Auseinandersetzung mit Ihrem Vermieter und den Behörden aus dem Weg zu gehen und auch zu vermeiden, dass Ihnen der erboste Vermieter die Wohnung kündigt, weil Sie sich nicht an seine Anweisungen halten, ist es also ratsam, die Antenne innerhalb des Balkons aufzustellen.

Tipp: Klären Sie ab, ob es für Ihre Bedürfnisse eine kleinere Antennenschüssel gibt.

Ihnen der Vermieter gemäss dieser Abmachung noch 1200 Franken.

Eine solche Abmachung zu treffen ist besonders deshalb sehr empfehlenswert, weil die Schlichtungsbehörde oder allenfalls später das Mietgericht die Entschädigung nach Gutdünken festsetzen muss. Das heisst: Das Gericht hat einen grossen Ermessensspielraum, um die Entschädigung festzulegen. Um Ihre Investitionen abzusichern, sollten Sie versuchen, mit dem Vermieter auszuhandeln, dass die Wohnung seitens des Vermieters während einer gewissen Mindestzeit nicht gekündigt werden darf.

Mieter werden nicht in jedem Fall automatisch für eine Investition entschädigt. Das Gesetz verlangt nämlich, dass das Mietobjekt beim Auszug einen «erheblichen Mehrwert» aufweist. Für kleinere Investitionen gibt es keine Entschädigung; ebenso wenig für Investitionen, die zum Zeitpunkt des Auszuges bereits amortisiert sind.

Wenn Sie eine solche Mehrwertentschädigung geltend machen wollen, müssen Sie dies dem Vermieter vor Beendigung des Mietverhältnisses mitteilen.

**7
Renovation
Umbau**

8 Wenn der Mieter selber kündigt
Auch bei der Kündigung gelten Regeln

Eine Kündigung ist nur gültig, wenn sie schriftlich erfolgt. Dabei ist es wichtig, sich an die Kündigungstermine und -fristen zu halten. Wer dies nicht tut, muss für einen Ersatzmieter sorgen.

Die schriftliche Kündigung ist bei allen Mietobjekten erforderlich, sowohl bei der Kündigung von Wohnobjekten wie auch von Geschäftsräumen. Und sie betrifft auch alle Untermietverträge. Mieter müssen ihre Kündigung nicht begründen.

Um aber Beweise in der Hand zu haben, ist es sehr empfehlenswert, die Kündigung eingeschrieben zu schicken (siehe Musterbrief 11 in Kapitel 11). In einigen Formular-Mietverträgen ist die eingeschriebene Form sogar ausdrücklich gefordert.

Wenn Schriftlichkeit verlangt ist, reicht ein E-Mail aus. Es sei denn, Sie haben eine qualifizierte elektronische Signatur (Swiss ID). Sind Sie gemäss Mietvertrag verpflichtet, per eingeschriebenem Brief zu kündigen, empfiehlt es sich trotz qualifizierter elektronischer Signatur, die Kündigung auszudrucken und dem Vermieter auf dem Postweg per Einschreiben zukommen zu lassen.

Fristen und Termine. Um ordentlich zu kündigen, müssen Sie nicht nur die vertragliche oder gesetzliche Kündigungsfrist, sondern auch die entsprechenden Kündigungstermine einhalten.

So ist im Mietvertrag von Vanessa Gabathuler eine Kündigungsfrist von drei Monaten festgehalten; Kündigungstermine sind Ende März und Ende September. Die Mieterin findet per 1. August eine neue Wohnung und kündigt deshalb ihren Mietvertrag schriftlich am 15. April auf Ende Juli.

Damit hat Gabathuler zwar die Kündigungsfrist von drei Monaten eingehalten. Aber Ende Juli ist bei ihr kein vertraglicher Kündigungstermin. Sie hat deshalb nicht ordentlich, sondern ausserterminlich gekündigt.

Bei Mietverträgen für Wohnungen (und unmöblierte Zimmer) schreibt das Gesetz eine minimale Kündigungsfrist von drei Monaten vor. Auch wenn z.B. in einem Mietvertrag für eine möblierte 2-Zimmer-Wohnung eine Kündigungsfrist von nur einem Monat vereinbart wurde, gilt die gesetzliche Frist von drei Monaten. Längere Kündigungsfristen hingegen (z.B. vier oder sechs Monate) dürfen durchaus vereinbart werden und sind gültig.

Nur bei möblierten Einzelzimmern lässt das Gesetz eine kürzere Kündigungsfrist von zwei Wochen zu. Auch hier gilt: Wurde eine längere Kündigungsfrist vereinbart (etwa ein Monat), müssen sich beide Parteien an die längere Frist halten.

Bei der Miete von Geschäftsräumen beträgt die Kündigungsfrist laut Gesetz mindestens sechs Monate. Vertraglich können bei Geschäftsräumen ebenfalls Kündigungsfristen vereinbart werden, die sechs Monate übersteigen; kürzere Fristen sind jedoch ungültig.

Neben den Fristen sind auch die Kündigungstermine zu beachten. Die Parteien sind frei, im Vertrag beliebige Kündigungstermine festzulegen. So kann zum Beispiel jedes Monatsende mit Ausnahme von Ende Dezember als Kündigungstermin vereinbart werden. Die sogenannten «ortsüblichen Termine» gelten nur dann, wenn der Mietvertrag keine Kündigungstermine festlegt (siehe Tabelle Seite 88).

Wer eine feste Vertragsdauer oder eine Mindestdauer vereinbart hat («Vertrag frühestens kündbar auf ...»), ist bis zur nächsten Kündigungsmöglichkeit vertraglich gebunden; dies kann unter Umständen noch mehrere Jahre Mietdauer bedeuten. Ein Ausstieg kommt hier nur in zwei Fällen in Frage:

- Sie finden Ersatzmieter und kündigen den Mietvertrag ausserterminlich (siehe Seite 85).
- Die Fortsetzung des Mietverhältnisses ist für Sie aus wichtigen Gründen unzumutbar geworden. (Beispiel: Aus gesundheitlichen Gründen können Sie nicht mehr in der Wohnung bleiben. Oder: Eine unerträgliche Feindschaft zwischen Vermleter und Mieter.) In einem solchen Fall können Sie zwar den Mietvertrag vorzeitig kündigen; Sie sollten sich aber zuvor unbedingt kompetent beraten lassen, sind doch die Anforderungen an eine solche ausserordentliche Kündigung aus wichtigen Gründen sehr hoch.

Die Kündigung von Familienwohnungen. Bei einer solchen Kündigung braucht es die Unterschriften beider Eheleute bzw. beider eingetragenen Partner. Von einer Familienwohnung spricht man, sobald eine Wohnung von einem Ehepaar bzw. zwei eingetragenen Partnern bewohnt wird. «Dient die gemietete Sache als Wohnung der Familie, kann ein Ehegatte den Mietvertrag nur mit der ausdrücklichen Zustimmung des anderen kündigen», heisst es dazu im Gesetz.

Dabei spielt es keine Rolle, ob im Mietvertrag beide Eheleute oder beide eingetragenen Partner als Mietpartei genannt sind. Hat zum Beispiel nur der Ehemann das Kündigungsschreiben unterzeichnet, kann die Ehefrau dem Vermieter ihre Zustimmung auch noch nachträglich mitteilen. Dies sollte jedoch rechtzeitig (vor Beginn der Kündigungsfrist) und schriftlich geschehen.

Ist die Kündigung der ehelichen Wohnung nur von einem Ehepartner unterschrieben und erfolgt keine rechtzeitige Zustimmung des anderen, muss der Vermieter die Kündigung nicht akzeptieren.

Die Kündigung bei gemeinschaftlicher Miete. Sind mehrere Personen als Mietpartei im Mietvertrag aufgeführt (zum Beispiel bei Wohngemeinschaften oder Konkubinats-

> **In diesem Kapitel**
>
> 82 Fristen und Termine
> 83 Die Kündigung von Familienwohnungen
> 83 Die Kündigung bei gemeinschaftlicher Miete
> 85 Die ausserterminliche Kündigung
> 86 Was ist ein «zumutbarer» Ersatzmieter?
> 87 Der Vermieter darf die Ersatzmieter nicht vergraulen
> 88 Ortsübliche Kündigungstermine
> 89 Wenn Sie keine Ersatzmieter finden
> 89 Andere ausserordentliche Kündigungen

8 Kündigung durch den Mieter

> **Tipp**
>
> **Die Kündigung frühzeitig abschicken**
>
> Grundsätzlich gilt eine Kündigung als rechtzeitig verschickt, wenn sie am letzten Tag vor Beginn der Kündigungsfrist zugestellt wurde (oder auf der Post liegt, sodass der Vermieter sie dort abholen kann).
>
> Um sicherzugehen, sollten Sie die Kündigung spätestens drei Werktage vor Beginn der Kündigungsfrist der Post übergeben. Zu früh kann nämlich eine Kündigung nicht sein; aber allenfalls zu spät – mit unangenehmen Folgen.
>
> Beispiel für ein richtiges Vorgehen: Thomas Keller kann seine Wohnung gemäss Mietvertrag mit einer dreimonatigen Frist auf jedes Quartalsende kündigen. Am 20. Dezember erhält er den neuen Mietvertrag vom neuen Vermieter gegengezeichnet zurück. Ohne Verzug bringt er das bereits vorbereitete Kündigungsschreiben am nächsten Tag zur Post. Er kündigt damit seinen alten Mietvertrag fristgerecht auf Ende März des nächsten Jahres.
>
> Was Sie unbedingt beachten müssen: Eine Kündigung ist – einmal ausgesprochen – definitiv. Sie kann deshalb ohne Zustimmung des Vermieters nicht mehr rückgängig gemacht werden.

paaren), müssen sie die Kündigung gemeinsam unterschreiben. Will nur eine Person aus dem Mietvertrag aussteigen, ist dazu grundsätzlich die Zustimmung sowohl der anderen (verbleibenden) Mieter wie auch die Einwilligung des Vermieters notwendig.

Weigert sich der Vermieter, ausziehende Mitmieter aus dem Vertrag zu entlassen, gibt es ausser im Rahmen eines Scheidungsverfahrens oder der Auflösung einer eingetragenen Partnerschaft keine Möglichkeit, den Vermieter dazu zu zwingen. Die Praxis zeigt aber: Sind die verbleibenden Mieter finanziell in der Lage, künftig für den ganzen Mietzins aufzukommen, ist der Vermieter meist bereit, das Mietverhältnis nur mit diesen fortzusetzen.

Am besten teilen die Mieter dem Vermieter den Auszug des Mitbewohners in einem gemeinsamen Schreiben mit und bitten ihn gleichzeitig, das Mietverhältnis mit den verbleibenden Leuten fortzusetzen (siehe Musterbrief 12, Kapitel 11).

Vielleicht ist der Vermieter eher bereit, Hand zu bieten, wenn die Verbleibenden ihm auch gleich eine andere Person als Nachfolger vorschlagen. Reagiert der Vermieter nicht auf die Auszugsmitteilung, können sie sich unter ganz bestimmten Umständen auf den Standpunkt stellen, dass die ausziehende Mietpartei aus dem Vertrag entlassen ist.

Kompliziert wird es, wenn ein Mitmieter nicht bereit ist, die Kündigung mitzuunterzeichnen oder bei der Übertragung des Mietvertrags auf den verbleibenden Mieter mitzuwirken. Findet sich keine gütliche Einigung, kann das Gericht angerufen werden. Eine vorgängige fachkundige Beratung ist angezeigt.

Es stellt sich auch die Frage, ob und wie lange eine ausziehende Mietpartei gegenüber den Verbleibenden für ihren Mietzinsanteil haftet. Dieses Problem lässt sich am einfachsten so lösen, dass Konkubinatspaare oder Wohngemeinschaften schon beim Abschluss des Mietvertrags eine entsprechende schriftliche Vereinbarung treffen.

Achtung: Eine solche Vereinbarung gilt nur unter den Mietern. Solange die ausgezogene Mietpartei vom Vermieter nicht offiziell aus dem Mietverhältnis entlassen worden ist, haftet sie weiterhin für alle Verpflichtungen im Zusammenhang mit der Wohnung.

Gibt es keine solche Vereinbarung, ist es angesichts der komplizierten Rechtslage ratsam, sich bei Meinungsverschiedenheiten beraten zu lassen. Danach sollte eine gütliche Einigung möglich sein.

Die ausserterminliche Kündigung. Was das Gesetz als Ausnahmefall vorsieht, ist in der Praxis beinahe die Regel: Der Mieter möchte vorzeitig ausziehen – ohne Einhaltung von Kündigungsfrist und -termin.

Es ist ziemlich schwierig, auf einen ganz bestimmten Termin eine neue Wohnung zu finden. Ausserterminliche Kündigungen sind deshalb sehr häufig. Das Gesetz trägt dieser Schwierigkeit Rechnung und erlaubt es Mietern, unter gewissen Umständen vorzeitig auszusteigen. Konkret: Man kann sich von vertraglichen Verpflichtungen befreien, wenn man dem Vermieter mindestens eine Person vorschlägt,

- die als Ersatzmieterin für den Vermieter zumutbar ist (siehe nächste Seite) und
- die bereit ist, den Mietvertrag zu den bisherigen Bedingungen (Mietzins, Dauer usw.) zu übernehmen.

Selbstverständlich können Sie sich nicht auf Interessenten berufen, die es sich nach der anfänglichen Bewerbung anders überlegen und den Mietvertrag schliesslich nicht unterschreiben.

Am besten geht man so vor: Sobald der neue Mietvertrag gegengezeichnet wurde (keinesfalls früher), kündigt man dem bisherigen Vermieter mit Angabe des Auszugstermins – die Kündigung schriftlich und eingeschrieben schicken.

Falls es zu diesem Zeitpunkt bereits interessierte Ersatzmieter gibt, schlagen Sie diese Personen dem Vermieter vor und geben ihm deren Personalien an (siehe Musterbrief 13, Kapitel 11). Andernfalls müssen Sie nun mit allen Kräften zumutbare Ersatzmieter suchen. Je mehr Interessenten Sie dem Vermieter nennen, desto besser.

Wenn möglich sollten die Ersatzmieter mindestens einen Monat vor dem Auszugsdatum vorgeschlagen werden. Die Gerichte billigen dem Vermieter die notwendige Zeit zu, um die Interessenten auf ihre Zumutbarkeit hin zu überprüfen und die Formalitäten des Vertrags und der Wohnungsübergabe zu regeln.

Die Länge der Frist ist unter anderem davon abhängig, ob die Liegenschaft von einer professionellen Immobilienfirma verwaltet wird oder die Vermietung durch eine Privatperson erfolgt. Einer professionellen Verwaltung wird man in der Regel eine Frist von 14 Tagen zugestehen, einem privaten Vermieter mindestens eine Woche länger. Hilfreich ist, wenn mögliche Nachmieter ihrer Bewerbung gleich einen Betreibungsregisterauszug beilegen. Bei Geschäftsräumen dürfte die Frist etwas länger sein und kann gut bis zu einem Monat dauern.

Erhält der Vermieter erst einige Tage vor dem Auszug Kenntnis von einem Ersatzmieter, wird er wahrscheinlich einen weiteren Monatsmietzins verlangen können.

8 Kündigung durch den Mieter

Theoretisch kann ein Nachmieter das Mietverhältnis an jedem beliebigen Tag im Monat übernehmen. In der Praxis werden Verträge mit den Nachmietern jedoch meist nur per 1. oder 15. des Monats abgeschlossen.

Was ist ein «zumutbarer» Ersatzmieter? Eine häufige Streitfrage bei ausserterminlichen Kündigungen lautet: Wann kann der Vermieter Ersatzmieter wegen Unzumutbarkeit ablehnen? Klar ist: Ein Ersatzmieter muss nicht in jedem Punkt den Wunschvorstellungen des Vermieters entsprechen. Stellt sich aber der Vermieter auf den Standpunkt, die vorgeschlagene Person sei nicht zumutbar, muss er triftige Gründe geltend machen können. Als solche gelten etwa:

■ Zahlungsunfähigkeit. Als Faustregel gilt, dass das gesamte Einkommen eines Ersatzmieters ungefähr dreimal so hoch wie der monatliche Mietzins sein sollte. Finden sich aber in seinem Auszug aus dem Betreibungsregister zu viele Eintragungen, kann ihn der Vermieter ablehnen. Der Vermieter darf jedoch keine wesentlich anderen Anforderungen an die finanziellen Verhältnisse des Nachmieters stellen, als er seinerzeit an den nun ausziehenden Mieter gestellt hat.

■ Offensichtliche Überbelegung. Sie können als Ersatz für Ihre kleine 2-Zimmer-Wohnung nicht eine fünfköpfige Familie vorschlagen.

■ Der Ersatzmieter passt überhaupt nicht in die bestehende Mieterstruktur. Der Vermieter kann eine Wohngemeinschaft mit drei jungen Musikern ablehnen, wenn im Haus ausschliesslich ältere Leute wohnen.

■ Der vorgeschlagene Ersatzmieter nutzt die Wohnung auf unverträgliche Art. Eine Grafikerin kann für ihren Gewerberaum in einem Bürogebäude keinen Druckereibetrieb vorschlagen.

Keine triftigen Gründe für eine Ablehnung sind:

■ Der vorgeschlagene Ersatzmieter ist im Gegensatz zur ausziehenden Mieterin Ausländer.

■ Das vorgeschlagene Paar ist im Gegensatz zum ausserterminlich ausziehenden Ehepaar nicht verheiratet.

■ Auch wenn Sie die 3-Zimmer-Wohnung bisher alleine bewohnt haben, sind zwei Personen, die gemeinsam einziehen möchten, zumutbare Ersatzmieter.

Diese Erläuterungen zeigen, dass es gar nicht so einfach ist, die Zumutbarkeit von Interessenten zu erkennen und zu beurteilen. Kommt hinzu, dass man nicht voraussehen kann, ob eine Wohnungsbewerbung plötzlich zurückgezogen wird.

Deshalb empfiehlt es sich, möglichst viele Ersatzmieter vorzuschlagen, auch wenn der Vermieter dies nicht von Ihnen verlangen darf. Beispiel: Carola Kessler schlägt ihrem Vermieter Yvonne K., Thomas L. und die Familie M. als Ersatzmieter vor.

Eine Woche später teilt der Vermieter Carola Kessler mit, dass Yvonne K. den ihr zugestellten Mietvertrag ohne Unterschrift zurückgeschickt habe, weil sie inzwischen eine andere Wohnung gefunden hat. Thomas L. verdiene gemäss Auskunft seines Arbeitgebers nur 2800 Franken pro Monat – und nicht 3600, wie auf dem Anmeldeformular angegeben. Und über die Familie M. habe er inzwischen in Erfahrung gebracht, dass ihr der jetzige Mietvertrag wegen übermässiger Lärmbelästigung gekündigt worden sei.

Fazit: Carola Kessler muss nach weiteren Ersatzmietern suchen.

Der Vermieter darf die Ersatzmieter nicht vergraulen. Wie bereits erwähnt, müssen Ersatzmieter bereit sein, den Mietvertrag zu den gleichen Bedingungen wie bisher zu übernehmen. Nichts einzuwenden gibt es aber, wenn der Vermieter vom Ersatzmieter einen etwas höheren Mietzins verlangt – unter der Voraussetzung, dass sich die Erhöhung mit der Kostensteigerung und der Teuerung rechtfertigen lässt, die seit der letzten Mietzinsanpassung eingetreten sind.

Anders sieht es aus, wenn der Vermieter der vorgeschlagenen Mietpartei schlechtere Bedingungen unterbreitet; wenn er ihr also z.B. einen Mietzins abknöpfen will, der das Zulässige übersteigt, oder wenn er eine höhere Kaution verlangt. Sollte also der Interessent deswegen vom Vertragsabschluss absehen, kann Sie der Vermieter nicht für den allfälligen Mietzinsausfall belangen.

Sie sind nicht in jedem Fall für den Mietzins haftbar, bis die Wohnung weitervermietet ist. Sie sind von Ihren Verpflichtungen dann befreit, wenn der Vermieter Interessenten ohne triftige Gründe als unzumutbar ablehnt oder schlechtere Bedingungen stellt.

Falls der Vermieter die Schuld dafür trägt, dass auf den gewünschten Auszugstermin kein neuer Mietvertrag zustande gekommen ist: Auch in diesem Fall kann man Sie nicht für die Bezahlung des Mietzinses belangen. Dies kann zum Beispiel passieren, wenn der Vermieter die

> **Tipp**
>
> **Die Ersatzmieter selber suchen**
>
> Es kann nicht schaden, wenn Sie dem Vermieter ein wenig auf die Finger schauen, falls Sie die Wohnung ausserterminlich kündigen. Auch wenn er versichert, er werde sich um Ersatzmieter bemühen, ist es empfehlenswert, selbst Interessenten vorzuschlagen.
>
> Zieht sich die Weitervermietung in die Länge? Erkundigen Sie sich bei den vorgeschlagenen Ersatzmietern, ob der Vermieter sie kontaktiert hat und weshalb es nicht zum Vertragsabschluss gekommen ist.
>
> Es ist nicht ratsam, den Bewerbern für Ihre Wohnung bloss Namen und Telefonnummer des Vermieters anzugeben und sie zu bitten, sich mit ihm in Verbindung zu setzen. Fordern Sie anlässlich der Wohnungsbesichtigung die einzelnen Interessenten dazu auf, ein Anmeldeformular des Vermieters auszufüllen; auch Formulare für Mietinteressenten (beim Mieterverband erhältlich) sind dafür geeignet.
>
> Machen Sie von den Formularen Kopien. Schicken Sie die Originale sofort eingeschrieben an den Vermieter. So können Sie später in einem allfälligen Verfahren beweisen, dass Sie tatsächlich (und rechtzeitig) einen Ersatzmieter vorgeschlagen haben.
>
> Sollten die Bewerber nicht bereit sein, Ihnen die ausgefüllten Formulare zu überlassen, oder steht an der Wohnungsbesichtigung noch nicht fest, ob sie sich überhaupt bewerben werden, sollten Sie zumindest die Telefonnummer verlangen. So können Sie später falls nötig nachfragen, weshalb kein Mietvertrag zustande gekommen ist.

8 Kündigung durch den Mieter

Ortsübliche Kündigungstermine

Falls Kündigungstermine im Mietvertrag vereinbart wurden, sind sie massgebend. Die ortsüblichen Termine in dieser Tabelle kommen nur dann zum Zug, wenn der Vertrag keine Termine nennt oder auf die ortsüblichen Termine verweist.

Da in einzelnen Gemeinden Abweichungen zu den aufgeführten kantonalen Terminen bestehen können, lassen Sie sich die ortsüblichen Kündigungstermine von der Schlichtungsbehörde bestätigen (Adressen in Kapitel 12).

AG	31.3. 30.6. 30.9.
AI	Jedes Monatsende, ausser 31.12.
AR	Jedes Monatsende, ausser 31.12.
BE (Stadt und Umgebung)	30.4. 31.10.
BL	Jedes Monatsende, ausser 31.12.
BS	Jedes Monatsende, ausser 31.12.
FR	31.3. 30.6. 30.9. 31.12.
GE	Keine[1]
GL	Jedes Monatsende
GR	[2]
JU	[2]
LU	Keine
NE	31.3. 30.6. 30.9.
NW	31.3. 30.6. 30.9.
OW	31.3. 30.6. 30.9.
SG	Jedes Monatsende, ausser 31.12.
SH	Jedes Monatsende, ausser 31.12.
SO	31.3. 30.9.
SZ	Jedes Monatsende, ausser 31.12.
TG	[2]
TI	[2]
UR	Jedes Monatsende, ausser 31.12.
VD	[2]
VS	[2]
ZG	31.3. 30.6. 30.9.
ZH (Stadt und Kanton)	31.3. 30.9.
ZH (Bezirke)	31.3. 30.6. 30.9.

[1] Fehlen ortsübliche Termine, können Wohnungen auf das Ende jedes Quartals gekündigt werden – gerechnet ab Mietbeginn. Beispiel: Bei Mietbeginn am 1. November ist die Kündigung auf den 31. Januar, 30. April, 31. Juli und 31. Oktober möglich.

[2] Auskunft beim zuständigen Mietgericht oder bei der Schlichtungsbehörde.

Bewerberinnen oder Bewerber durch ungebührliches oder anmassendes Verhalten abschreckt.

Wenn Sie keine Ersatzmieter finden. Scheitern alle Versuche, müssen Sie den Mietzins bis zur Weitervermietung – aber längstens bis zum nächsten Kündigungstermin – berappen. Wird die Wohnung vor der Weitervermietung renoviert, müssen Sie während der Dauer dieser Arbeiten ebenfalls keinen Mietzins bezahlen. Liegt der nächste Kündigungstermin noch in weiter Ferne, kann es sich lohnen, die Wohnung für diese Zeit zu einem tieferen Mietzins unterzuvermieten.

Darf sich der Vermieter zurücklehnen und darauf zählen, dass Sie zahlungspflichtig bleiben? Nein!. Wenn sich der Vermieter nicht auch selber um eine Weitervermietung kümmert, tut er dies auf eigenes Risiko: Auch er muss sich bemühen, einen Mietzinsausfall zu vermeiden.

Unzulässig sind Vertragsklauseln, mit welchen Sie für den Fall einer ausserterminlichen Kündigung zur Zahlung einer pauschalen Umtriebsentschädigung verpflichtet werden.

Es kann aber vorkommen, dass sich der Vermieter bei einem vorzeitigen Auszug schlicht weigert, die Wohnung auf diesen Zeitpunkt abzunehmen. Sein Erscheinen wäre ja ein Indiz dafür, dass er Sie aus der Zahlungspflicht entlässt. Davon sollten Sie sich nicht beirren lassen: Sind Sie sicher, dass Sie mindestens einen zumutbaren Ersatzmieter gestellt haben, können Sie das Mietobjekt zur Übergabe bereitstellen und die Schlüssel eingeschrieben an den Vermieter schicken. Dieses Vorgehen beraubt Sie allerdings der Möglichkeit, die Wohnung weiteren Interessenten zu zeigen.

Andere ausserordentliche Kündigungen. Wir haben bereits in Kapitel 6 darauf hingewiesen, wie man bei schweren Mängeln fristlos kündigen kann. Auch die «Kündigung aus wichtigem Grund» (wenn man etwa aus gesundheitlichen Gründen zügeln muss) wurde bereits behandelt. Nun gibt es noch eine Anzahl anderer Gründe für ausserordentliche Kündigungen.

■ Im Todesfall. Stirbt ein Mieter, geht laut Gesetz der Mietvertrag auf die Erben über. Gemeinsam können sie den Mietvertrag mit der gesetzlichen Frist (bei Wohnräumen drei, bei Geschäftsräumen sechs Monate) aufkündigen, und zwar auf den nächsten ortsüblichen Termin (siehe Tabelle links). Im Todesfall spielen vertraglich vereinbarte Kündigungstermine keine Rolle mehr.

Selbstverständlich können auch Erben ausserterminlich kündigen und Ersatzmieter vorschlagen.

■ Bei der Miete von Geschäftsräumen gibt es noch eine spezielle Art der Beendigung des Mietverhältnisses: die Abtretung. Dazu braucht es die schriftliche Zustimmung des Vermieters, die aber nur aus wichtigem Grund verweigert werden darf. Bei der Abtretung übernimmt ein Nachfolger den Mietvertrag mit allen Rechten und Pflichten. Gemeinsam mit dem Nachfolger haftet der bisherige Mieter noch während maximal zwei Jahren für den Mietzins.

**8
Kündigung durch den Mieter**

9 Wenn der Vermieter kündigt
Viele Kündigungen sind ungültig

Im Mieterland Schweiz sind die Mieter relativ gut vor Kündigung geschützt. Ein Vermieter kann nicht willkürlich eine missliebige Person loswerden. Es lohnt sich, das Kündigungsschreiben gut zu prüfen.

Überraschend kommt sie zwar selten, die Kündigung. Sobald man sie aber vom Vermieter erhalten hat, ist es dann meistens doch ein harter Schlag. Die Monate, die nun folgen, sind durch die Suche nach einer neuen Bleibe geprägt. Nebst der eigentlichen Wohnungssuche, sei dies per Internet, Freundeskreis oder Inserate müssen eine ganze Menge Dinge geplant werden.

Bevor Sie Ihre ganze Aufmerksamkeit der neuen Bleibe widmen, lohnt es sich unbedingt, sofort die Kündigung genau zu überprüfen und abzuklären, ob Sie Schritte dagegen unternehmen sollen. Wenn Sie sich zu viel Zeit lassen, sind Sie plötzlich zu spät dran.

Wann ist eine Kündigung gültig?
Für die meisten Mieter ist es klar, dass man eine Wohnung nur schriftlich kündigen kann. Dass der Vermieter dafür ein amtlich genehmigtes Formular verwenden muss, wissen aber viele nicht – auch gewisse Vermieter wissen es nicht.

Dieses amtliche Formular informiert über die rechtlichen Möglichkeiten und weist auf die Stellen hin, bei denen man die Kündigung anfechten kann. Eine Kündigung, die nicht auf einem amtlichen Formular erfolgt, ist ungültig.

Ungültig ist die Kündigung einer Familienwohnung auch dann, wenn sie nicht beiden Ehepartnern oder eingetragenen Partnern mit separater Post zugestellt wird (siehe Kasten links). Wenn eine Kündigung nur dem Ehemann zugestellt wird, der Ehefrau aber nicht, ist die Kündigung unwirksam – und zwar selbst dann, wenn der Vermieter ein Kündigungsschreiben an die Ehefrau im Couvert beilegt.

Ist einer der beiden Ehegatten bereits ausgezogen, muss ihm der Vermieter die Kündigung an die neue Adresse schicken. Der Gesetzgeber will mit dieser strengen Regelung garantieren, dass beide Ehepartner die Kündigung wirklich erhalten und unabhängig voneinander anfechten können.

Haben hingegen mehrere Personen (unverheiratete Paare, Wohngemeinschaften) ein Mietobjekt gemeinsam gemietet, ist eine separate Zustellung nicht nötig; der Vermieter muss aber alle Mieter namentlich erwähnen.

Ist die Kündigung aus einem der erwähnten Gründe ungültig, kann man die Mieter nicht aus der Wohnung ausweisen. Um Unan-

> **Info**
>
> **Kleiner Unterschied – grosse Wirkung**
>
> Bringt der Pöstler Frau Thomi einen eingeschriebenen Brief des Vermieters, in dem sich zwei Kündigungsformulare für Herrn und Frau Thomi befinden, ist die Kündigung nichtig. Nimmt Frau Thomi aber die beiden Formulare in zwei separaten Briefumschlägen entgegen, ist die Kündigung gültig – selbst wenn ihn Frau Thomi ihrem Ehemann nicht übergibt.

nehmlichkeiten zu vermeiden, empfiehlt es sich aber, den Vermieter gelegentlich in einem eingeschriebenen Brief auf die Ungültigkeit der Kündigung aufmerksam zu machen. Dabei ist es nicht verboten, mit der Mitteilung so lange zuzuwarten, bis der Vermieter nicht mehr auf den vorgesehenen Termin kündigen kann.

Erfolgte die Kündigung fristgerecht? Meistens regelt der Mietvertrag, wie lange im Voraus eine Kündigung ausgesprochen werden muss. Gesetzlich vorgeschrieben ist eine minimale Kündigungsfrist von drei Monaten für Wohnungen und unmöblierte Zimmer. Für vollständig möblierte Einzelzimmer beträgt sie zwei Wochen, für Geschäftsräume sechs Monate.

Der Vermieter darf zudem die Kündigung nur auf die Kündigungstermine aussprechen, die im Vertrag festgehalten sind. Wurden keine vereinbart, gelten die ortsüblichen Kündigungstermine (siehe Tabelle Seite 88). Im Gegensatz dazu können möblierte Einzelzimmer auf jedes Monatsende gekündigt werden.

Nicht selten wird mit einer Vertragsformulierung wie «Das Mietverhältnis ist frühestens kündbar per ...» eine Mindestmietdauer vereinbart. Auch diese Abmachung muss der Vermieter einhalten.

Eine Kündigung ist dann rechtzeitig erfolgt, wenn sie vor Beginn der Kündigungsfrist bei Ihnen eintrifft. Will der Vermieter Ihnen z.B. unter Einhaltung einer dreimonatigen Kündigungsfrist auf den 30.9. kündigen, müssen Sie demnach spätestens am 30.6. im Besitz des Kündigungsschreibens sein beziehungsweise sein können. Der Vermieter hat also die Frist gewahrt, wenn Sie die Kündigung am 30. Juni bei der Post abholen können. Man kann die Zustellung einer Kündigung nicht verhindern, indem man die Post einfach nicht abholt.

Hält der Vermieter die Kündigungsfristen nicht ein oder kündigt er auf einen unzulässigen Termin, so heisst dies nicht, dass die Kündigung gänzlich ungültig ist: Sie ist vielmehr auf den nächsten vertrags- und gesetzeskonformen Termin hin wirksam.

So kündigte z.B. ein Vermieter seiner Mieterin Petra Bolliger aus Aarau auf den 30.9.2017. Sie erhielt die Kündigung des Vermieters (abgeschickt am 30. Juni) am 1. Juli. Da die Kündigung nach Ende der Kündigungsfrist eingetroffen war, ist sie erst auf den nächsten Termin gültig. Laut Bolligers Mietvertrag und auch gemäss Aargauer Ortsgebrauch ist dies der 31.3.2018.

Es empfiehlt sich in solchen Fällen, dem Vermieter mit eingeschrie-

---

In diesem Kapitel

- 90 Wann ist eine Kündigung gültig?
- 91 Erfolgte die Kündigung fristgerecht?
- 92 Wann ist eine Kündigung missbräuchlich?
- 94 Die Erstreckung des Mietverhältnisses
- 95 Härtegründe für eine Erstreckung des Mietverhältnisses
- 97 Die Kündigung erhalten – was nun?
- 97 Das Anfechtungsverfahren
- 99 Die ausserordentliche Kündigung

9 Kündigung durch den Vermieter

benem Brief mitzuteilen, dass seine Kündigung erst auf diesen späteren Termin hin gilt. Wenn Sie allerdings eine solche verspätete Kündigung anfechten wollen, müssen Sie dies innerhalb von 30 Tagen tun.

Wann ist eine Kündigung missbräuchlich? Sie ist es dann, «wenn sie gegen den Grundsatz von Treu und Glauben verstösst», wie es im Gesetz heisst. Zur Präzisierung dieser allgemeinen Formel hat der Gesetzgeber Näheres bestimmt.

So können Sie vom Vermieter verlangen, dass er die Kündigung schriftlich begründet. Verlangen Sie die Begründung immer dann, wenn auf dem Kündigungsformular keine Gründe angeführt sind oder Sie von diesen nicht überzeugt sind. Beachten Sie aber, dass die 30-tägige Anfechtungsfrist dennoch ab Erhalt der Kündigung läuft.

Dazu zählt das Gesetz verschiedene Fälle auf, in denen eine Kündigung gegen Treu und Glauben verstösst und deshalb missbräuchlich ist:

■ Die Rachekündigung: Der Vermieter kündigt, weil der Mieter sich zuvor per Einschreiben für seine Rechte gewehrt hat.

Beispiel: Weil es in seiner Wohnung stets zu kalt war, verlangte Raphael Notter eine Mietzinsreduktion und stellte die Hinterlegung des Mietzinses in Aussicht (siehe auch Kapitel 6). Der Vermieter will sich das nicht gefallen lassen und kündigt ein paar Tage später. (Hier zeigt sich einmal mehr, wie wichtig es ist, Briefe eingeschrieben zu schicken: So wird Notter auch beweisen können, dass ihm der Vermieter wegen dieses Briefes gekündigt hat.)

■ Die Kündigung als Druckmittel für Vertragsänderungen: Der Vermieter kündigt, um die Mieterin zu zwingen, einer Vertragsänderung zuzustimmen. Beispiel: Gleichzeitig mit der Kündigung (oder auch später) legt der Vermieter der Mieterin einen neuen Vertrag mit höherem Mietzins zur Unterschrift vor. Dieses Vorgehen ist nicht statthaft.

■ Die Kündigung als Druckmittel für den Kauf der Mietwohnung: Der Vermieter kündigt der Mieterin nur deshalb, weil er ihr die Wohnung verkaufen will. Auch diese Kündigung ist missbräuchlich.

Lexikon

Dringender Eigenbedarf

Man spricht von dringendem Eigenbedarf, wenn der Vermieter nachweisen kann, dass er oder nahe Familienangehörige die Wohnung dringlich benötigen.

Ausserordentliche Kündigung

Der Vermieter kann das Mietverhältnis auf Ende des nächsten Monats auflösen:
■ Wenn der Mieter den fälligen Mietzins – trotz schriftlicher Aufforderung mit Kündigungsandrohung – nicht innerhalb von 30 Tagen bezahlt.
■ Wenn der Mieter (trotz schriftlicher Ermahnungen) seine Pflichten gegenüber dem Vermieter oder gegenüber den anderen Hausbewohnern schwer verletzt (siehe Details auf Seite 99).

Sperrfrist

Wenn ein Mieter in einem Schlichtungs- oder Gerichtsverfahren – mindestens teilweise – Recht bekommt, ist er oder sie während einer dreijährigen Sperrfrist vor einer Kündigung geschützt. Die Sperrfrist gilt auch, wenn sich die Mieter mit dem Vermieter aussergerichtlich geeinigt haben.

- Kündigung während eines Schlichtungs- oder Gerichtsverfahrens gegen den Vermieter: Vom Zeitpunkt einer Anfechtung oder Klage bis zur definitiven Erledigung des Falles ist die Kündigung des Vermieters missbräuchlich.
- Kündigung während der dreijährigen Sperrfrist: Wenn Mieter in einem Schlichtungs- oder Gerichtsverfahren – mindestens teilweise – recht bekommen, sind sie während voller drei Jahre vor einer Kündigung geschützt. Die Sperrfrist gilt auch, wenn sich Mieter mit dem Vermieter aussergerichtlich geeinigt haben und dies mit Schriftstücken belegen können. Es sei denn, es handelt sich um einen der zwei folgenden Ausnahmefälle: Der Vermieter kann während der Sperrfrist kündigen, wenn er dringenden Eigenbedarf geltend machen kann oder wenn ein Grund für eine ausserordentliche Kündigung besteht (siehe Kasten links).

Die Sperrfrist gilt sogar für einen neuen Eigentümer, falls der alte Vermieter das Haus verkauft. Der neue Eigentümer kann jedoch das Mietverhältnis mit der gesetzlichen Frist auf den nächsten gesetzlichen Termin kündigen, wenn ein dringender Eigenbedarf gegeben ist.
- Kündigung bei einer Änderung der familiären Verhältnisse wie Scheidung, Geburt eines Kindes, Heirat usw.
- Der Vermieter kündigt, weil ihm der neue Ehemann der Mieterin nicht passt. Auch das ist unzulässig.
- Daneben gibt es noch weitere Fälle missbräuchlicher Kündigungen (siehe Kasten oben).

Missbräuchliche Kündigung

Die reinste Schikane

Auch in diesen Fällen ist die Kündigung missbräuchlich:
- Wenn der Grund (das «Interesse») des Vermieters für die Kündigung «nicht schützenswert» ist. Beispiel: Dem Vermieter passt die Nationalität oder die Hautfarbe des Freundes der Mieterin nicht.
- Wenn ein krasses Missverhältnis besteht zwischen den Interessen des Vermieters und den schwerwiegenden Folgen für den Mieter. Beispiel: Weil der Mietzins zweimal einige Tage zu spät eintraf, kündigt der Vermieter der alleinerziehenden Mutter von zwei kleinen Kindern.
- Wenn sie eine reine Schikane ist. Beispiel: Der Vermieter hat sich in einer Diskussion über Politik mit dem Mieter so aufgeregt, dass er kündigt.

Generell gilt: Liegt kein legitimes Interesse des Vermieters vor – zum Beispiel ein Umbauvorhaben, unkorrektes Mieterverhalten oder spezielle Nutzungswünsche –, sollte die Kündigung genau unter die Lupe genommen werden.

Wer ferner eine Genossenschaftswohnung gemietet hat, sollte die Statuten und Reglemente konsultieren: Sie enthalten häufig Kündigungsbestimmungen, die eingehalten werden müssen.

Und wenn die Kündigung missbräuchlich ist? Der Mieter bzw. die Mieterin ficht die Kündigung an und die Schlichtungsbehörde erklärt die Kündigung für ungültig, dann läuft das Mietverhältnis normal weiter. Zudem kann der Vermieter dem Mieter oder der Mieterin während der nächsten drei Jahre nur in Ausnahmefällen kündigen.

Stellt sich jedoch heraus, dass die Kündigung gültig ist, wird automatisch geprüft, ob man dem Mie-

> **Untermiete**
>
> **Gleiche Kündigungsvorschriften**
>
> Bei der Untermiete gelten genau die gleichen Kündigungsvorschriften wie bei der gewöhnlichen Miete. Ein Beispiel: Thomas Sauter ist Untermieter eines unmöblierten Einzelzimmers. Obwohl im Mietvertrag ausdrücklich steht, dass der Untermietvertrag mit einer Kündigungsfrist von einem Monat gekündigt werden kann, gilt auch hier die gesetzliche Mindestkündigungsfrist von drei Monaten.

ter wenigstens Erstreckung gewähren kann.

Die Erstreckung (Verlängerung) des Mietverhältnisses. Auch wenn die Kündigung gültig ist, bleibt ein Ausweg: Wird aus der Kündigung ein Härtefall für Sie und Ihre Familie, kann das Mietverhältnis auf Ihr Verlangen verlängert werden.

Das Erstreckungsbegehren muss innert 30 Tagen nach Erhalt der Kündigung eingereicht werden, sofern Ihnen der Briefträger die Kündigung am ersten Tag übergeben hatte. Sonst läuft die Frist ab dem Tag, an dem Sie die Kündigung erstmals hätten abholen können. Achtung: Es gelten hier auch andere Regeln als etwa bei der Anfechtung einer Mietzinserhöhung. Zuständig ist die Schlichtungsbehörde des Wohnbezirks (Adressen siehe Kapitel 12).

Die maximale Erstreckungsdauer beträgt bei Wohnungen vier Jahre, bei Geschäftsräumen sechs Jahre. Möglich ist, dass eine erstmalige, kürzere Erstreckung gewährt wird. Dann kann bis 60 Tage vor deren Ablauf eine zweite Erstreckung verlangt werden.

Die Mieterverbände empfehlen allerdings, die Kündigung anzufechten, statt ein Erstreckungsbegehren einzureichen (bei diesem Vorgehen wird automatisch auch die Erstreckung geprüft). Denn die Chance, dass Ihr Mietverhältnis erstreckt wird, ist bei einer Anfechtung besser. Im Musterbrief 10 zur Anfechtung der Kündigung (Kapitel 11) wird gleichzeitig eine «längstmögliche» Erstreckung verlangt für den Fall, dass die Kündigung für gültig erachtet werden sollte.

In gewissen Fällen ist jedoch eine Erstreckung der Kündigung ausgeschlossen:

■ Wenn Sie selber gekündigt haben. Beispiel: Susy Suter hat endlich ihre Traumwohnung gefunden. Der Eigentümer sagt ihr am Telefon, dass er sie unter zahlreichen Bewerbern ausgewählt habe und ihr einen Vertrag schicken werde. Susy Suter kündigt leichtsinnigerweise ihre alte Wohnung – und muss dann überraschend zur Kenntnis nehmen, dass der bisherige Mieter der Traumwohnung vom Gericht eine Erstreckung erhalten hat. Wenn Suter Glück hat, willigt ihr jetziger Vermieter in eine Fortsetzung des Mietverhältnisses ein; eine Erstreckung ist aber ausgeschlossen.

■ Bei ausserordentlichen Kündigungen wegen Zahlungsrückstandes oder wegen schwerer Pflichtverletzung des Mieters (siehe Seite 99).

■ Wenn der Mietvertrag nur bis zum Beginn eines Umbaus oder eines Hausabbruchs abgeschlossen wurde (häufig bei sogenannten Notwohnungen).

- Wenn der Vermieter einen gleichwertigen Ersatz für die gekündigten Räumlichkeiten anbietet. Es empfiehlt sich deshalb, Angebote des Vermieters zu prüfen und nur dann abzulehnen, wenn Sie gute Gründe haben (teurer, schlechtere Lage, weniger Komfort usw.).
- Ein Untermietverhältnis kann nur so lange erstreckt werden, als das Mietverhältnis zwischen dem Wohnungsmieter und dem Hauptvermieter überhaupt besteht.

Härtegründe für eine Erstreckung des Mietverhältnisses. Alle Umstände, die die Wohnungssuche erschweren, können als Härtegrund für eine Erstreckung der Kündigung vorgebracht werden. Dieser Aufschub soll Mietern mehr Zeit einräumen, um trotz Schwierigkeiten eine neue Wohnung zu finden.

Diese Argumente zählen, wenn es um eine Erstreckung des Mietverhältnisses geht:
- Die Situation auf dem Wohnungsmarkt. Je weniger Wohnungen in der Region frei sind, desto schwieriger ist die Wohnungssuche (siehe Kasten auf Seite 99).
- Die finanzielle Lage: Günstige Wohnungen sind besonders rar. Wenn das Haushaltsbudget keinen hohen Mietzins erlaubt, haben Mieterinnen und Mieter gute Chancen auf eine längere Erstreckung. Von einer Familie mit zwei Kindern und einem Nettoeinkommen von 4200 Franken monatlich kann nicht verlangt werden, mehr als 1400 Franken für den Mietzins aufzubringen, ausser die bisherige Wohnung sei teurer gewesen. Dann müsste sich die Familie auch für teurere Wohnungen bewerben.
- Gesundheitszustand, Alter: Alte und invalide Menschen haben allgemein mehr Mühe, eine Wohnung zu finden. Häufig kommt hinzu, dass sie auf spezielle Einrichtungen (zum Beispiel Lift) angewiesen sind.
- Auch kinderreiche Familien und Ausländer sind bei der Wohnungssuche benachteiligt.
- Schulpflichtige Kinder: Mit einer Erstreckung lässt sich eventuell ein Schulwechsel vermeiden.
- Ortsgebundenheit und Dauer des Mietverhältnisses: Berufliche und private Gründe können zu einer besonders engen Verknüpfung mit dem bisherigen Ort oder Quartier führen – vor allem, wenn das Mietverhältnis lange gedauert hat.

Beispiel: Thomas Loderer arbeitet als Kellner bis in die frühen Morgenstunden und ist als Nicht-Autofahrer auf einen kurzen Heimweg angewiesen. Seine Ehefrau möchte auch im Quartier bleiben, da sie hier seit Jahren alte Leute betreut.

Checkliste

Dies sollte man prüfen, wenn man vom Vermieter die Kündigung bekommt

- Ist die Kündigung auf amtlichem Formular und an beide Ehepartner separat mitgeteilt?
- Stimmen Kündigungsfrist und -termin?
- Könnte die Kündigung missbräuchlich sein?
- Sind Sie sicher, dass Sie innerhalb der Kündigungsfrist eine neue Wohnung finden?
- Warten Sie nicht ab. Lassen Sie sich sofort beraten!
- Verlangen Sie bei unklaren Verhältnissen eine Begründung der Kündigung.
- Im Zweifesfall fKündigung innerhalb von 30 Tagen nach Erhalt bei der Schlichtungsbehörde anfechten.

- Investitionen des Mieters. Beispiel: Karin Ruf hat sich für die Dachwohnung teure Möbelstücke nach Mass anfertigen lassen.
- Besonders ungünstiger Zeitpunkt der Kündigung: Wenn ein Spitalaufenthalt, eine Geburt, ein Urlaub bevorsteht, ist die Wohnungssuche sehr schwierig. Sollte für später ohnehin ein Ortswechsel geplant sein (längerer Auslandaufenthalt, Bezug eines Eigenheims, Stellenantritt mit Wohnortwechsel, Umzug ins Altersheim), könnte ein zweimaliges Zügeln unzumutbar sein.

Diesen Härtegründen werden bei der Festsetzung der Erstreckungsdauer die Interessen des Vermieters gegenübergestellt.

Diese Gründe kann der Vermieter vorbringen:
- Pflichtverletzungen des Mieters: Wenn die Nachbarn sich regelmässig über den nächtlichen Lärm beklagten und der Mieter die Waschküche unzählige Male ungereinigt zurückliess, ist eine Erstreckung zwar nicht ausgeschlossen. Sie dürfte aber kürzer ausfallen – vor allem dann, wenn der Mieter bereits mehrmals gemahnt wurde.
- Eigenbedarf: Im Gegensatz zum früheren Recht schliesst der dringende Eigenbedarf des Vermieters die Erstreckung nicht aus. Sobald allerdings der Vermieter die Wohnung aus triftigen Gründen für sich oder für nahe Familienangehörige benötigt, sind die Aussichten auf eine längere Erstreckung gering. Möchte der Vermieter die Wohnung einer Angestellten oder dem Hauswart zur Verfügung stellen, gilt das nicht als Eigenbedarf.
- Umbauvorhaben: Je dringender Sanierungsarbeiten sind, desto gewichtiger das Vermieterinteresse.

Je schwerer die Härtegründe wiegen, desto länger wird die Erstreckungsdauer sein. Umgekehrt wird das Mietverhältnis weniger lange oder überhaupt nicht erstreckt, wenn der Vermieter schwerwiegende Gründe vorbringen kann.

So kündigt etwa ein Vermieter einer Familie mit drei Kindern, die in sehr bescheidenen finanziellen

Tipps

Streitereien erwähnen

Wenn Sie mit dem Vermieter im Verlauf der letzten Jahre Meinungsverschiedenheiten wegen des Mietverhältnisses hatten, besteht der Verdacht einer missbräuchlichen Kündigung. Erwähnen Sie deshalb diesen Vorfall, wenn Sie sich rechtlich beraten lassen.

Die Kündigung rasch anfechten

Eine missbräuchliche Kündigung ist nicht automatisch ungültig. Sie muss innerhalb von 30 Tagen bei der Schlichtungsbehörde angefochten werden – sonst ist die Kündigung gültig.

Im Zweifel immer anfechten

Falls Sie die 30-tägige Frist verpassen, um eine Kündigung anzufechten, kann nichts mehr unternommen werden. Sogar eine missbräuchliche Kündigung ist dann gültig – und der Mieter oder die Mieterin muss ausziehen, selbst wenn er oder sie auf der Strasse steht.

Tipp: Vorsorglich anfechten! Wenn Sie innerhalb der 30 Tage nach Erhalt der Kündigung keine Gelegenheit haben, sich beraten zu lassen, und wenn Sie deshalb nicht sicher sind, ob die Kündigung missbräuchlich oder ein Erstreckungsbegehren aussichtslos ist – fechten Sie trotzdem an. Sie können die Anfechtung immer noch (ohne Nachteile!) zurückziehen.

Fechten Sie vorsorglich auch dann an, wenn der Vermieter bereit ist, die Kündigung zu überdenken.

Verhältnissen lebt, weil er die Liegenschaft umbauen möchte. Da die Umbauarbeiten nicht dringend sind, erhält die Familie eine erstmalige Erstreckung von zwei Jahren. Hätte der Vermieter gekündigt, weil seine alleinstehende Mutter wegen Hüftproblemen von der Familie betreut werden muss, wäre der Aufschub viel kürzer ausgefallen.

Bei Erstreckungen gilt generell Folgendes:

Die Kündigung erhalten – was nun? Erste Regel: Verlieren Sie keine Zeit! Lassen Sie sich möglichst rasch kompetent beraten – bei einer Schlichtungsbehörde oder beim Mieterinnen- und Mieterverband. Sollten mehrere oder alle Mietparteien im Haus von der Kündigung betroffen sein, lohnt es sich, gemeinsam vorzugehen.

Sie haben ab Empfang der Kündigung 30 Tage Zeit, um sie bei der Schlichtungsbehörde anzufechten (siehe Musterbrief 10, Kapitel 11). Viele Schlichtungsbehörden stellen entsprechende Formulare zur Verfügung. Legen Sie dem Begehren die wichtigsten Unterlagen bei.

Kündigt der Vermieter eine Familienwohnung, sind beide Ehepartner bzw. die eingetragenen Partner berechtigt, die Kündigung anzufechten und eine Erstreckung zu verlangen – auch ohne Einverständnis des Partners.

Anders beim Konkubinat und bei Wohngemeinschaften: Die Mieter müssen die Kündigung gemeinsam anfechten; am besten mit einem Anfechtungsbegehren, das von allen unterschrieben ist.

Sind sich die Mieter nicht einig, kann auch ein Mieter alleine die Kündigung anfechten. Seine Klage richtet sich dabei nicht nur gegen den Vermieter, sondern auch gegen den oder die Mitmieter, welche die Kündigung nicht anfechten möchten. Hier empfiehlt es sich jedoch, vorab kompetente rechtliche Beratung einzuholen.

Das Anfechtungsverfahren. Die Schlichtungsbehörde schickt der Mieter- und der Vermieterpartei je eine Vorladung zur Schlichtungsverhandlung. Dieser Termin darf unter keinen Umständen verpasst werden. Wer verhindert ist, muss dies sofort mit eingeschriebenem Brief mitteilen und die entsprechenden Unterlagen beilegen (etwa Arztzeugnis oder Flugticket bei Auslandaufenthalt).

Es empfiehlt sich sehr, sich vorher bei der Schlichtungsbehörde oder beim Mieterverband beraten zu lassen. Dort können Sie auch abklären, ob der Beizug eines Anwalts oder einer Anwältin ratsam ist.

Nachdem die Vermieter- wie die Mieterpartei ihren Standpunkt geäussert und die Fragen beantwortet haben, macht die Schlichtungsbehörde einen Vergleichsvorschlag.

Stimmen Mieter und Vermieter diesem Vorschlag zu, ist das Verfahren abgeschlossen. Wer nicht sicher ist, ob er (bzw. sie) den Vergleich akzeptieren will, kann eine Bedenkzeit verlangen. Kommt hingegen kein Vergleich zustande, kann die Schlichtungsbehörde den Parteien einen Urteilsvorschlag unterbreiten. Die Parteien haben

9 Kündigung durch den Vermieter

20 Tage Zeit, ihn abzulehnen. Lehnt keine der Parteien ab, hat der Urteilsvorschlag die Wirkung eines gerichtlichen Entscheids. Wer ablehnt, hat 30 Tage Zeit, Klage beim Gericht einzureichen. Statt eines Urteilsvorschlags kann die Schlichtungsbehörde auch einfach feststellen, dass sich die Parteien im Schlichtungsverfahren nicht geeinigt haben. In diesem Fall haben die Parteien eine Frist von 30 Tagen ab Feststellung der Nichteinigung, um ans Gericht zu gelangen. Wird innert dieser Frist keine Klage eingereicht, gilt der Urteilsvorschlag trotz vorheriger Ablehnung als anerkannt. Vor Ablehnung eines Urteilsvorschlags und vor Einreichung einer Klage beim Gericht ist eine gute Rechtsberatung wichtig.

Während des ganzen Anfechtungsverfahrens (also eventuell über den Kündigungstermin hinaus) hat der Mieter das Recht, in der Wohnung zu bleiben.

Sobald festgestellt wird, dass die Kündigung missbräuchlich ist – oder sobald der Vermieter die Kündigung zurückzieht, kann Ihnen während einer Sperrfrist von drei Jahren nicht gekündigt werden; mit Ausnahme der wenigen bereits erwähnten Spezialfälle.

Falls das Mietverhältnis erstreckt wird, müssen die normalen Kündigungsfristen für den Mieter nicht mehr eingehalten werden. Beträgt die festgelegte Erstreckungsdauer maximal ein Jahr, kann man jeweils mit einer einmonatigen Frist auf das Ende des nächsten Monats kündigen; bei längerer Erstreckung beträgt die Kündigungsfrist drei Monate auf einen gesetzlichen Termin. Der Vermieter ist aber meistens bereit, eine kürzere Kündigungsdauer zu vereinbaren.

Es kann auch verlangt werden, dass der Mietvertrag im Erstreckungsentscheid veränderten Verhältnissen angepasst wird. Beispielsweise wenn der Mietzins auf einem zu hohen Referenzzinssatz basiert. Dann kann für die Dauer der Erstreckung eine Herabsetzung beantragt werden – ohne das sonst dafür erforderliche Vorverfahren und die entsprechenden Fristen.

Bei der ersten Erstreckung kann man bis 60 Tage vor ihrer Beendi-

Hausverkauf

Kauf bricht Miete nicht

Was geschieht, wenn der Vermieter das Haus verkauft? Im Grundsatz gilt, dass Kauf die Miete nicht bricht.

In der Regel läuft das Mietverhältnis mit dem neuen Eigentümer also normal weiter. Es muss kein neuer Mietvertrag abgeschlossen werden. Es gelten aber einige Besonderheiten:

- Kann der neue Eigentümer dringenden Eigenbedarf geltend machen, so ist er nicht an eine feste vertragliche Mietdauer gebunden; er kann die Wohnung unter Einhaltung der dreimonatigen Kündigungsfrist auf den nächsten ortsüblichen Termin kündigen. Immerhin können Sie dann vom bisherigen Vermieter Schadenersatz verlangen.
- Der neue Eigentümer kann bei dringendem Eigenbedarf einem Mieter kündigen, selbst wenn diesem eine dreijährige Sperrfrist zugesprochen wurde.
- Da Sie den behaupteten Eigenbedarf kaum selber überprüfen können, ist die Anfechtung der Kündigung in den genannten Fällen meistens empfehlenswert.
- Der neue Eigentümer kann – jedenfalls im Normalfall – erst dann kündigen, wenn er bereits im Grundbuch eingetragen ist.
- Natürlich haben Sie das Recht, ein Erstreckungsbegehren zu stellen.

gung eine Zweiterstreckung beantragen. Diese wird aber nur dann gewährt, wenn man beweisen kann, dass man zwar intensiv, aber ohne Erfolg eine neue Wohnung gesucht hat.

Wie steht es bei einem befristeten Mietvertrag? Etwa ein Dreijahresvertrag, der ohne Kündigung an einem bestimmten Datum endet. Auch hier kann der Mieter bzw. die Mieterin eine Erstreckung verlangen. Das entsprechende Erstreckungsbegehren muss spätestens 60 Tage vor Ablauf der Vertragsdauer eingereicht werden.

Die ausserordentliche Kündigung. In folgenden Fällen kann der Vermieter das Mietverhältnis – mit amtlichem Formular – auf Ende des nächsten Monats auflösen. Die normale Kündigungsfrist gilt dabei nicht, und es besteht nicht einmal die Möglichkeit, das Mietverhältnis zu erstrecken:

■ Wenn der Mieter den fälligen Mietzins trotz schriftlicher Aufforderung mit Kündigungsandrohung nicht innerhalb von 30 Tagen bezahlt hat. Bei eigenmächtigen Mietzinsabzügen ist äusserste Vorsicht geboten.

Beispiel: Felix Rohrer hat die Geduld verloren. Trotz mehrfacher Reklamation hat sein Vermieter den defekten Kochherd nicht repariert. Um Dampf aufzusetzen, zahlt Rohrer nur noch die Hälfte des Mietzinses ein – statt ihn zu hinterlegen (siehe dazu auch Kapitel 6). Felix Rohrer lässt sich auch durch Zahlungsaufforderung und Kündigungsandrohung nicht einschüchtern. Als der Vermieter mitteilt, Rohrer müsse die Wohnung innerhalb von 30 Tagen verlassen, bekommt dieser es mit der Angst zu tun und zahlt sofort den restlichen Mietzins ein. Zu spät! Felix Rohrer wird die Wohnung ohne Erstreckungsmöglichkeit verlassen müssen.

■ Wenn jemand trotz schriftlicher Ermahnungen die Pflichten gegenüber dem Vermieter oder gegenüber den Hausbewohnern schwer verletzt.

Beispiel: Daniela Lindner benützt ihr Wohnzimmer jeweils am Abend ohne Einwilligung des Vermieters für Tanzunterricht. Da sich die Nachbarn wegen Nachtruhestörung immer wieder beschweren, wird Daniela Lindner vom Vermieter schriftlich aufgefordert, mit dem Tanzunterricht aufzuhören. Die Missachtung dieser Mahnung berechtigt den Vermieter, das Mietverhältnis mit einer Kündigungsfrist von 30 Tagen aufzulösen.

Tipps

Sofort eine neue Wohnung suchen

Auch wenn Sie sich gute Chancen für eine Erstreckung ausrechnen, müssen Sie noch vor der Schlichtungsverhandlung mit der Wohnungssuche beginnen. Legen Sie die Belege für Ihre Suchbemühungen der Schlichtungsbehörde vor (Doppel der Bewerbungsschreiben, Notizen über Telefongespräche, ausgeschnittene Inserate, Ausdrucke aus dem Internet usw.).

Damit können Sie beweisen, wie schwierig die Suche für Sie ist. Erst recht gilt dieser Rat, wenn Sie die Chance auf eine Zweiterstreckung wahren wollen.

10 Die Wohnung abgeben
Welche Schäden bezahlt der Mieter?

Bei der Rückgabe der Wohnung prüft der Vermieter, ob der Mieter Schäden hinterlassen hat. Falls ein Schaden festgestellt wird, darf der Vermieter aber noch lange nicht die halbe Wohnung auf Kosten des Mieters sanieren.

Die meisten Mietverträge regeln genau, bis wann die Rückgabe der Wohnung stattfinden muss. So ist es etwa in Zürich und Bern üblich, die Wohnung bis spätestens um 12.00 Uhr am Tag nach Beendigung des Mietverhältnisses abzugeben. In anderen Kantonen gilt der letzte Tag des Mietverhältnisses als Rückgabetermin.

Fällt der normale Übergabetermin auf einen Samstag, Sonn- oder Feiertag, verschiebt sich die Übergabe auf den nächsten Werktag. Steht im Vertrag nichts über den Zeitpunkt der Übergabe, so gilt der letzte Tag des Mietverhältnisses, 18.00 Uhr, als Übergabetermin. Um sich besser organisieren zu können, sollte man den Übergabetermin rechtzeitig mit dem Vermieter absprechen.

In welchem Zustand müssen Mieter die Wohnung zurückgeben?
Spricht man den Zustand einer Wohnung an, ist natürlich in erster Linie die Reinigung gemeint. Praktisch in der ganzen Schweiz wird eine gründliche Reinigung verlangt. Meistens ist im Mietvertrag näher umschrieben, was eine «gründliche Reinigung» ist.

Am einfachsten (aber auch am kostspieligsten) ist es, ein Reinigungsinstitut zu engagieren. Doch der Vermieter darf Sie natürlich nicht dazu verpflichten, falls Sie die Wohnung selber reinigen möchten. Haben Sie sich für ein Reinigungsinstitut entschlossen, lohnt es sich, verschiedene Offerten einzuholen. Wichtig ist dabei, dass das Institut

---

Tipps
Wie fülle ich ein Abnahmeprotokoll aus?

- Die Positionen abhaken, die nicht beanstandet werden.
- Mängel präzise umschreiben (nicht «Spannteppich fleckig», sondern «Zwei Flecken à 3 cm bei der Balkontüre»).
- Normale Abnützungserscheinungen als solche bezeichnen oder – besser – gar nicht protokollieren.
- Sind Sie mit dem Protokoll des Vermieters nicht einverstanden, bringen Sie eine Korrektur an.
- Aufgepasst bei der Rubrik, in der Sie Ihre Entschädigungspflichten anerkennen: Unterschreiben Sie nicht voreilig. Bringen Sie im Zweifelsfall den schriftlichen Vermerk «Nicht einverstanden» an.
- Sie sind nicht verpflichtet, das Protokoll zu unterschreiben. Wenn Sie der Meinung sind, dass es unrichtige Angaben enthält oder Sie zu Unrecht für einen Schaden geradestehen müssen, verweigern Sie die Unterschrift.
- Gibt es nichts zu beanstanden, sollte der Vermieter sein Einverständnis mit der Herausgabe der Kaution bestätigen.
- Verlangen Sie eine Kopie des Protokolls und bewahren Sie sie auf.

die Abgabe der Wohnung garantiert. Andernfalls riskiert der Mieter, für allfällige Nachreinigungen selbst aufkommen zu müssen.

Am einfachsten ist es, wenn ein Angestellter der Reinigungsfirma an der Wohnungsübergabe teilnimmt und Nachreinigungen sofort vornehmen kann.

Kleine Reparaturarbeiten und Ausbesserungen, die Sie ohnehin selber erledigen müssen (siehe auch Kapitel 6), beheben Sie mit Vorteil vor der Wohnungsübergabe. So vermeiden Sie, dass Ihnen der Vermieter später hohe Handwerkerrechnungen nachschickt. Das bedeutet:

- Entfernen Sie Schrauben, Nägel, Haken usw. und flicken Sie allfällige Löcher sorgfältig.
- Beseitigen Sie Kleber, Kontaktpapier und selbstklebende Gegenstände vorsichtig.
- Entkalken Sie alle Hahnen und Abläufe.

Wer ohne schriftliche Zustimmung des Vermieters Änderungen in der Wohnung vorgenommen hat (nicht alltäglicher Farbanstrich, Wanddurchbruch), ist grundsätzlich verpflichtet, den ursprünglichen Zustand wiederherzustellen. Bevor man sich jedoch in Unkosten stürzt, empfiehlt es sich, mit dem Vermieter darüber zu reden. Vielleicht lässt er sich überzeugen und akzeptiert die Neuerungen.

Wenn man vom Vormieter Spannteppiche übernommen hat, von denen der Vermieter damals ausdrücklich die Entfernung verlangte, sind diese vor dem Auszug wegzuräumen.

In diesem Kapitel

100 In welchem Zustand muss die Wohnung abgegeben werden?
101 Details zur Wohnungsrückgabe
103 Welche Schäden sind Sache des Vermieters?
104 Wie viel muss der Mieter bezahlen?
105 Lebensdauertabelle
107 Was geschieht mit der Kaution?

Bei Einrichtungsgegenständen (Spannteppiche, Beleuchtung, Vorhänge usw.) fragt man hingegen am besten den Nachmieter, ob er etwas übernehmen möchte; eventuell lässt er sich die Übernahme sogar etwas kosten. Ist der Nachmieter damit einverstanden, wird auch der Vermieter eher bereit sein, auf die vollständige Räumung zu verzichten.

Man kann allerdings vom Vermieter nicht verlangen, dass er jenem Nachmieter den Zuschlag gibt, der das günstigste Übernahmeangebot für Möbel macht. Und falls der Vermieter darauf bestehen sollte, müssten Sie die Einrichtungen auf eigene Kosten entfernen.

Details zur Wohnungsrückgabe.
In den meisten Fällen wird man gemeinsam mit dem Vermieter die Wohnung besichtigen. Wer sich dem Vermieter nicht gewachsen fühlt oder wenn Meinungsverschiedenheiten zu erwarten sind, kann man einen Abnahmeexperten des Mieterverbands beiziehen. Fällt der Umzug auf einen ortsüblichen Termin, ist dafür allerdings eine frühzeitige Reservation nötig.

10
Rückgabe der Wohnung

Kernstück der Wohnungsübergabe ist das Abgabeprotokoll. Darin werden die festgestellten Mängel aufgelistet, und es wird meistens auch festgehalten, ob der Mieter für die Mängel verantwortlich ist (siehe Kasten rechts).

Der Vermieter kann nur eine Entschädigung für Schäden verlangen, die im Protokoll aufgeführt sind. Anhand des Protokolls wird der Mieterin bzw. dem Mieter die Schlussabrechnung präsentiert. Deshalb gilt es, das Protokoll vor dem Unterschreiben genau durchzulesen. Denn mit der Unterschrift bestätigt man nicht nur die protokollierten Mängel; auch der schriftlich anerkannten Entschädigungspflicht im Protokoll kann man sich nachträglich kaum mehr entziehen.

Wenn sich Mieter und Vermieter nicht einig werden, was im Protokoll stehen soll, empfiehlt es sich, das Protokoll nicht zu unterschreiben. Ein Kompromiss kann allenfalls darin liegen, dass der Mieter das Protokoll unterschreibt, allerdings bei seiner Unterschrift festhält, dass er nur den festgehaltenen Zustand der Wohnung, aber keinerlei Haftung anerkennt. Oder er vermerkt bei einzelnen Punkten, dass er damit nicht einverstanden ist.

Wenn der Vermieter zum Beispiel den Kratzer in der Badewanne übersehen hat und im Protokoll dazu nichts vermerkt ist, muss er die Reparatur selber bezahlen. Wurde jedoch kein Protokoll aufgenommen oder steht darin nichts zur Haftung, so muss der Vermieter innerhalb von zwei bis drei Werktagen nach der Wohnungsrückgabe die Schadenersatzansprüche geltend machen.

Mit einer Ausnahme: Mängel, die bei einer gewöhnlichen Besichtigung nicht erkennbar sind, können Ihnen auch später noch – aber sofort nach der Entdeckung – mitgeteilt werden.

Ist der Vermieter nicht zu einer gemeinsamen Übergabe bereit, fordern Sie ihn am besten schriftlich dazu auf. Weigert er sich auch dann noch, können Sie die Schlüssel dem Hauswart gegen Quittung abgeben oder sie eingeschrieben dem Vermieter schicken.

Frage

Muss der Spannteppich entfernt werden?

Weil er von seiner Firma nach Genf versetzt wird, kündigt der Bankangestellte Serge Kohler seine 3-Zimmer-Wohnung in Zürich, in der er seit vier Jahren wohnt. Damals hatte er von seinem Vormieter für wenig Geld einen Spannteppich übernommen. Jetzt teilt ihm der Vermieter mit, sein Vorgänger habe keine Erlaubnis gehabt, Änderungen an der Wohnung vorzunehmen, und er müsse nun den Teppich beim Auszug entfernen. Muss er das?

Nein. Serge Kohler hat nicht nachträglich für eine Änderung einzustehen, die der Vormieter vorgenommen hat. Der Vermieter hätte ihm schon beim Einzug reinen Wein einschenken müssen: Er kann von ihm jetzt nicht mehr verlangen, dass er beim Auszug den ursprünglichen Zustand der Wohnung herstellt und den Teppich herausreissen lässt. Auch der Hinweis im Antrittsprotokoll «Spannteppich vom Mieter verlegt» ändert daran nichts.

Vielmehr wäre der Hausbesitzer verpflichtet gewesen, Serge Kohlers Vorgänger auf die fehlende Zustimmung aufmerksam zu machen: Er hätte spätestens bei der Wohnungsabgabe verlangen müssen, dass der Spannteppich entfernt wird.

Sind Streitigkeiten wegen des Zustands der Wohnung zu erwarten, könnte eine (kostenpflichtige) Besichtigung durch eine neutrale Person von Vorteil sein.

Welche Schäden sind Sache des Vermieters? Ein erster Grundsatz: Sie haften nur für Schäden, die Sie selber verursacht haben. Für Mängel, die bereits bei Mietbeginn bestanden, haften Sie selbstverständlich nicht.

Sind Sie und der Vermieter uneins, ob ein Schaden vom Vorgänger stammt oder nicht, liegt es am Vermieter zu beweisen, dass Sie der «Sünder» sind. Der Vermieter tut deshalb gut daran, die früheren Wohnungsübergabeprotokolle aufzubewahren.

So waren sich Esther Danuser und ihre Vermieterin nicht einig, ob die tiefen Kratzer im Parkett des Wohnzimmers schon bei Mietantritt vorhanden waren. Da die Vermieterin damals kein Protokoll gemacht hatte, muss Esther Danuser heute die Reparaturkosten nicht bezahlen.

Allerdings muss die Mieterin für Schäden geradestehen, die von den Kindern, von Gästen, Untermietern oder Haustieren stammen. So vergass der Neffe von Esther Danuser anlässlich eines Besuches bei seiner Tante, vor einem heftigen Gewitter die Balkontüre zu schliessen. Die Reparatur des Parkettbodens muss die Mieterin nun auf ihre eigene Kappe nehmen.

Anders sähe es aus, wenn Hagelschlag, Lausbuben oder Einbrecher die Scheibe der Balkontür zertrümmert hätten: Wenn in einem solchen Fall der Regen den Parkettboden in Mitleidenschaft zieht, zahlt der Vermieter. Ein solcher Schaden ist jedoch sofort zu melden – und nicht erst beim Auszug.

Ein weiterer Grundsatz: Die Spuren normaler Abnützung sind nicht Sache des Mieters. Die Frage ist nur: Was ist normale Abnützung?

Hier vertraut man am besten auf den gesunden Menschenverstand. Dann wird zum Beispiel klar, dass die hellen Flecken, die in der leeren Wohnung anzeigen, wo früher Möbel standen und Bilder hingen, genauso zu einer normalen Benützung gehören wie die unterschiedliche Abnutzung des Teppichs.

Schwieriger ist die Frage bei kleineren Schlagstellen im Holzwerk, Farbschatten auf Teppichen, Kratzspuren im Spültrog usw. Bei diesen Wohnspuren lässt sich leider keine konkrete Regel aufstellen. Immerhin ist dabei zu berücksichtigen, dass der «vertragsgemässe Gebrauch» unterschiedliche Spuren hinterlassen kann: So sind in einem Wohnzimmer mit Cheminée oder in einem Kinderzimmer

---

> **Tipp**
>
> **Schäden, die man nicht bezahlen muss**
>
> In folgenden Fällen müssen Sie bei der Wohnungsrückgabe nichts bezahlen:
> - wenn der Schaden nicht im Protokoll aufgeführt ist beziehungsweise vom Vermieter nicht sofort geltend gemacht wurde,
> - für Schäden, die bereits bei Mietantritt bestanden,
> - für normale Abnützung,
> - für Schäden an Einrichtungen, deren Lebensdauer bereits abgelaufen ist.

10 Rückgabe der Wohnung

stärkere Abnützungserscheinungen zu erwarten als im Schlafzimmer.

Nicht mehr «normal» hingegen sind auffällige Flecken und Brandlöcher in Bodenbelägen, deutliche Kratzspuren von Haustieren oder schadhafte Geräte wegen unsachgemässer Bedienung.

Wie viel muss der Mieter bezahlen? Wenn feststeht, dass der Mieter bzw. die Mieterin für einige Mängel geradestehen muss, heisst dies noch nicht, dass der Vermieter die ganze Wohnung auf seine Kosten sanieren kann.

Bei geringfügigen Mängeln, bei Schönheitsfehlern also, wird sich der Vermieter mit einer Entschädigung für den Minderwert begnügen müssen. Eine Minderwertentschädigung ist auch dann am Platz, wenn die Reparatur unverhältnismässig teuer würde. So beanstandet der Vermieter in der Wohnung von Frank Traber ein kleineres Brandloch im Spannteppich und im Bad ein Plättli mit Sprung. Sie einigen sich auf eine Entschädigung von je 20 Franken.

Lassen sich die Mängel mit einer Reparatur oder einer Teilerneuerung beheben, kann der Vermieter von Ihnen nur diese Kosten verlangen.

Beispiel: Der hässliche dunkle Fleck im Parkett, der unter dem Blumentopf zum Vorschein kam, lässt sich beseitigen, ohne dass der ganze Boden abgeschliffen

---

Frage

Darf der Vermieter jederzeit in die Wohnung des Mieters?

Barbara Longo hat ihre Wohnung gekündigt. Laut ihrem Mietvertrag hat der Vermieter das Recht, ihre Wohnung mit Mietinteressenten jederzeit von Montag bis Freitag von 8 und 12 Uhr sowie von 13 bis 17 Uhr zu besichtigen. Barbara Longo ist aber erwerbstätig und möchte nicht, dass Fremde in ihrer Abwesenheit ihre Wohnung betreten. Darf der Vermieter jederzeit in ihre Wohnung?

Nein. Grundsätzlich muss sie dem Vermieter gestatten, die Wohnung zu besichtigen, soweit dies für die Wiedervermietung notwendig ist. Bei den Terminen muss der Vermieter jedoch auf die Interessen der Mieter Rücksicht nehmen.

Damit die Mieter nicht ständig gestört werden, sind Besichtigungen auf das Notwendigste zu beschränken. Die Besuchsmöglichkeiten sind daher auf eine oder mehrere Stunden pro Woche festzulegen, bei berufstätigen Mietern ist der Termin auf die Abendstunden zu verlegen. Im Weiteren muss der Vermieter die Besuche rechtzeitig, rund 48 Stunden im Voraus, ankündigen.

Falls der Mieter eine Besichtigung verweigert, darf sich der Vermieter nicht eigenmächtig oder gar gewaltsam Eintritt in die Wohnung verschaffen; er muss sich in einem solchen Fall an das Gericht wenden.

Achtung: Verweigert der Mieter ohne triftigen Grund eine Wohnungsbesichtigung, kann er für einen allfälligen Schaden des Vermieters haftbar gemacht werden.

Das Besichtigungsrecht steht dem Vermieter auch beim Verkauf zu oder wenn es für den Unterhalt der Wohnung notwendig ist. Sogar periodische Kontrollen für den Unterhalt (ein- bis zweimal pro Jahr) müssen sich Mieterinnen und Mieter gefallen lassen.

Lebensdauertabelle

Die Tabelle mit der Lebensdauer von verschiedenen Wohnungseinrichtungen dient sowohl zur Berechnung der Mietzinserhöhung bei wertvermehrenden Investitionen (siehe Kapitel 4) wie auch zur Berechnung des Schadenersatzes, den man bei übermässiger Abnützung zu bezahlen hat (Kapitel 10). Dabei spielt die Altersentwertung eine Rolle: Nach wie vielen Jahren ist ein Gegenstand auf null abgeschrieben?

	Auszug aus der paritätischen Lebensdauertabelle Hauseigentümer-/ Mieterinnen- und Mieterverband	
Anstrich (Dispersion-, Leimfarbe)	8	Jahre
Badewanne, Stahl emailliert	35	
Badewanne, nur Emaillierung	20	
Dampfabzug	10	
Duschkabine, Glaswände	25	
Fenster, Holz/Kunststoff	25	
Glaskeramikkochfeld	15	
Herd, Backofen	15	
Herdplatten, elektrisch	15	
Küchenabdeckung, Granit	25	
Kühlschrank	10	
Korkboden, versiegelt	15	
Lavabo, Bidet, Klosettschüsseln	35	
Massivparkett, versiegelt	40	
Rollladen, Metall	40	
Spannteppich normaler Qualität	10	
Storenstoff	15	
Tapeten normaler Qualität	10	
Tiefkühler	15	
Tumbler/Waschmaschine in der Wohnung des Mieters	15	
Versiegelung des Parketts	10	

Zusätzliche Reduktion der Lebensdauer von Gegenständen bei Gewerbenutzung	
Büros	20 %
Gewerbe mit wenig Beanspruchung	25 %
Gewerbe mit viel Beanspruchung	50 %

Bei den Jahreszahlen des Hauseigentümerverbandes und des Mieterinnen- und Mieterverbands handelt es sich nur um Empfehlungen. Die Entscheidung darüber, welche Zahlen im konkreten Fall zur Anwendung kommen, fällt die Schlichtungsbehörde oder das Gericht. In der Regel stützen sich aber auch diese auf die paritätische Lebensdauertabelle.

10 Rückgabe der Wohnung

werden muss. Für diese Teilerneuerung muss aber der Mieter die vollen Kosten übernehmen.

Was von Vermietern gern übersehen wird (und entsprechend bei vielen Schlussabrechnungen vom Mieter zu beanstanden ist): Wenn schadhafte Bodenbeläge, Wandanstriche oder Kücheneinrichtungen auf Kosten des Mieters erneuert werden, sind damit gleichzeitig auch die normalen Abnützungserscheinungen beseitigt – für die ja eigentlich der Vermieter aufkommen müsste.

Der Vermieter ist also im Vorteil, wenn schadhafte Teile der Wohnung vorzeitig erneuert werden und er so die Instandstellung – die vielleicht ohnehin bald fällig gewesen wäre – hinausschieben kann. Deshalb gilt der Grundsatz: Sie müssen Erneuerungen nur so weit bezahlen, als der ersetzte Gegenstand nicht bereits durch Alterung entwertet ist.

Zur Berechnung dieser sogenannten Altersentwertung kann die paritätische Lebensdauertabelle zu Rate gezogen werden. Paritätisch deshalb, weil sich der Mieterinnen- und Mieterverband und der Hauseigentümerverband auf die Lebensdauer verschiedener Einrichtungsgegenstände geeinigt haben. Die Tabelle wird regelmässig überprüft und bei Bedarf angepasst. Auch die Behörden und Gerichte beziehen sich in der Regel darauf (siehe Lebensdauertabelle Seite 105).

Ist die Lebensdauer bereits überschritten, so müssen Sie weder für Reparaturen noch für Erneuerungen etwas bezahlen – auch dann nicht, wenn der betreffende Gegenstand ohne Beschädigung vorläufig noch gar nicht hätte ersetzt werden müssen. Bis zum Ablauf der Lebensdauer werden die Erneuerungskosten entsprechend dem Alter der ersetzten Einrichtung aufgeteilt.

So bezog Nora Bertschi ihre Wohnung vor 12 Jahren. Obwohl seither ihre Katze den Spannteppich zerzauste und die Wände zahlreiche

Tipps

Der Versicherung sei Dank

Sind Sie privat oder durch den Mieterverband bei einer Haftpflichtversicherung für Mieterschäden versichert, können Sie einer Wohnungsrückgabe gelassener entgegensehen:

- Setzen Sie die Versicherungsgesellschaft noch vor der Wohnungsübergabe über bestehende Schäden in Kenntnis. Eventuell nimmt dann der Versicherungsinspektor an der Wohnungsübergabe teil.
- Klären Sie ab, ob die Versicherung einen Schaden auch wirklich bezahlt, bevor Sie Ihre Haftung gegenüber dem Vermieter anerkennen.
- Die Versicherung bezahlt die Behebung von Schäden, die Sie fahrlässig verursacht haben. Mutwillige Zerstörungen oder auch die Wiederherstellung des ursprünglichen Zustandes bei unbewilligten Änderungen wird die Versicherung aber nicht übernehmen.

Dies gehört zur Schlussabrechnung

- Der Vermieter muss die Reparaturarbeiten, die er Ihnen belasten will, genau bezeichnen und Ihnen die Belege vorlegen.
- Bei Erneuerungen sollte vermerkt sein, welchen Kostenanteil der Vermieter aufgrund der Altersentwertung übernimmt.
- Vertragliche Pauschalen für Instandstellungsarbeiten oder für Kosten der Weitervermietung sind unzulässig.
- Kaution zuzüglich Zinsen.

hässliche Flecken aufweisen, muss sie nichts bezahlen: Die Lebensdauer dieser Einrichtungen beträgt 10 und 8 Jahre.

Oder: Tonio Zerutti verlässt die renovierte Wohnung nach dreieinhalb Jahren. Da die farbigen Büchergestelle hässliche Striemen hinterlassen haben, muss ein Zimmer neu gestrichen werden. 43,75 Prozent der Kosten muss Tonio Zerutti übernehmen; für die Mietdauer von dreieinhalb Jahren übernimmt der Vermieter 56,25 Prozent.

Übrigens: Ist die Lebensdauer von Einrichtungen abgelaufen, so bedeutet dies zwar, dass man wegen der Beschädigung nicht mehr belangt werden kann. Das heisst aber noch nicht, dass der Mieter während des Mietverhältnisses automatisch Anspruch auf eine Erneuerung hat.

Was geschieht mit der Kaution?
Der Vermieter kann Ihre Kaution nicht ohne Ihr Einverständnis für die Bezahlung von Reparaturkosten verwenden. Er muss Ihnen eine Schlussabrechnung vorlegen und Ihre Zustimmung einholen.

Anderseits können auch Sie die Kautionssumme nicht einfach bei der Bank abholen. Mit einer Ausnahme: Hat der Vermieter während eines Jahres keine Ansprüche gegen Sie geltend gemacht, können Sie bei der Bank die Auszahlung der Kaution – selbstverständlich mit Zins – verlangen.

Es kommt immer wieder vor, dass Banken auch nach Ablauf des Jahres die Auszahlung des Depots verweigern, mit der Begründung, der Vermieter habe ihnen die Auszahlung verboten. Lassen Sie sich das nicht gefallen und schicken Sie der Bank einen Einzahlungsschein. Nach Ablauf der Jahresfrist ist die Bank nämlich zur Auszahlung verpflichtet.

Können Sie sich mit dem Vermieter nicht einigen, wird der Vermieter vermutlich an die Schlichtungsbehörde gelangen. Dort wird man versuchen, eine Einigung herbeizuführen. Auch der Mieter kann sich an die Schlichtungsbehörde wenden und die Herausgabe des Depots verlangen, wenn er nicht ein Jahr lang warten will.

Frage

Muss die Bank die Mietzinskaution auszahlen?

«Wir leben im Konkubinat und sind kürzlich umgezogen. Aber wir streiten mit dem alten Vermieter immer noch wegen der Schlussabrechnung. Weil wir diese nicht akzeptieren, weigert sich der Hausbesitzer, die Kaution bei der Bank freizugeben. Muss uns die Bank die Mietzinskaution auszahlen?»

Nein. Die Bank benötigt immer das Einverständnis von beiden Parteien. Hat der Hausbesitzer hingegen ein Jahr nach Beendigung des Mietverhältnisses keine rechtlichen Schritte gegen Sie unternommen, muss die Bank das Depot auf Ihr Verlangen auch ohne Zustimmung des Vermieters auszahlen. Wenn Sie nicht so lange warten wollen und der Vermieter nicht mit sich reden lässt, hilft nur noch der Gang zur Schlichtungsbehörde.

---

10 Rückgabe der Wohnung

11 Musterbriefe und Musterverträge

1 Musterbrief für die Mängelrüge nach dem Einzug

Absender   Einschreiben

                                            Adresse
                                            des Vermieters

Ort, Datum

(Anrede)

Ergänzend zu den gestern im Protokoll festgehaltenen Schäden möchte ich Ihnen noch zwei weitere Mängel melden:
– ein ca. 2 cm² grosses Brandloch im Spannteppich des Wohnzimmers (Ecke Korridor/Kinderzimmer),
– verstopfter Ablauf in der Küche.

Ich habe erst bei der Benützung gemerkt, dass der Ablauf in der Küche verstopft ist.
Ich bitte Sie, sich dieser Sache möglichst bald anzunehmen. Was das Brandloch im Teppich anbetrifft, habe ich allerdings vorgesehen, ein Sofa an diese Stelle zu platzieren. Somit verzichte ich auf die Behebung dieses Mangels.

Mit der Bitte um Kenntnisnahme und freundlichen Grüssen

(Unterschrift)

2 Musterbrief für die Bewilligung der Untermiete

Absender

Einschreiben

Adresse
des Vermieters

Ort, Datum

(Anrede)

Da ich ab Oktober einen einjährigen Sprachaufenthalt im Ausland verbringe, möchte ich meine 2-Zimmer-Wohnung an der ..... (Adresse) für diese Zeit untervermieten. Zu Ihrer Orientierung lege ich eine Kopie des von mir aufgesetzten Untermietvertrags bei. Frau ......, welche sich für die Wohnung interessiert, wird den Vertrag, sofern Sie damit einverstanden sind, nächste Woche unterschreiben. Ich habe meine Mutter, Frau ....., ... (Adresse), schriftlich bevollmächtigt, meine Rechte und Pflichten aus dem Mietvertrag während meiner Abwesenheit wahrzunehmen. Ich gehe davon aus, dass Sie nichts gegen die Untermiete einzuwenden haben, und bitte Sie, mir Ihre Zustimmung schriftlich zu bestätigen. Besten Dank im Voraus.

Freundliche Grüsse

(Unterschrift)

Beilage: Kopie Untermietvertrag

3 Muster für einen Untermietvertrag

Vereinbarung

Karen Bollag, Mieterin einer Vierzimmerwohnung an der ... (Adresse), vermietet ihren WG-Partnerinnen Claudia Fässler und Anina Noser je ein Zimmer. Sie schliessen folgende Vereinbarung:

1. Der monatliche Mietzins (inklusive 30 Franken akonto Heizung) beträgt für alle drei 530 Franken.

2. Abgesehen von den individuellen Zimmern steht die Nutzung der übrigen gemieteten Räumlichkeiten allen gemeinsam zu.

3. In einem separaten Inventar wird festgehalten, wem die Gegenstände in der Wohnung gehören. Das Inventar wird laufend nachgeführt.

4. Beabsichtigt Karen die Kündigung des Mietvertrages, informiert sie vorher Claudia und Anina. Wollen diese bleiben, so setzt sich Karen beim Vermieter dafür ein, dass er das Mietverhältnis mit Claudia und Anina fortsetzt. Wird eine ausserterminliche Kündigung von allen befürwortet, bemühen sich alle um Ersatzmieter und tragen die anfallenden Kosten gemeinsam.

5. Karen kann einer Mitbewohnerin nur kündigen, wenn die andere damit einverstanden ist. Die Kündigung muss auf dem amtlichen Formular mindestens 6 Monate zum Voraus auf jedes Monatsende mitgeteilt werden.

6. Claudia und Anina können unter Einhaltung einer Kündigungsfrist von 3 Monaten auf jedes Monatsende kündigen.

7. Zieht eine Mitbewohnerin aus, wird über ihre Zahlungsverpflichtungen (Schäden in der Wohnung, Nebenkosten, offene Rechnungen usw.) möglichst bald definitiv abgerechnet.

(Ort, Datum) (Unterschriften)

(Selbstverständlich können andere Kündigungsfristen von mindestens drei Monaten vereinbart werden.)

4 Muster für einen Konkubinats-Wohnvertrag

Vereinbarung

Katrin Howeg, ... (Adresse), und Marco Knuchel, ... (gleiche Adresse), schliessen folgende Vereinbarung:

1. Katrin und Marco übernehmen je die Hälfte des Mietzinses, der Nebenkosten und der Mietzinskaution.

2. Ein von beiden unterzeichnetes Inventar gibt über die Eigentumsverhältnisse der Wohnungsgegenstände Auskunft. Neue Anschaffungen, die im Inventar nicht enthalten sind, gehören demjenigen, der sie bezahlte.

3. Zieht eine Partei aus, so haftet sie für den Mietzins bis zum nächsten vertraglichen Kündigungstermin, sofern sie den Auszug bis spätestens einen Monat vor Beginn der Kündigungsfrist der andern Partei mitteilt.

(Mögliche Variante zu Punkt 3: Zieht eine Partei aus, haftet sie ab Mitteilung längstens drei Monate für ihren Mietzinsanteil.)

4. Können wir uns bei Aufhebung des Konkubinats nicht einigen, wer die Wohnung behält, so übernimmt Katrin die Wohnung.

5. Entlässt der Vermieter die ausziehende Partei nicht aus dem Vertrag, hat diese Anspruch darauf, dass die bleibende Partei eine Sicherheit für 6 Monatszinsen leistet (z.B. Bankgarantie); geschieht dies nicht innert eines Monats seit der Weigerung des Vermieters, kann die ausziehende Partei die gemeinsame Kündigung auf den nächsten Kündigungstermin verlangen.

6. Wenn beide das Mietverhältnis nicht mehr fortsetzen wollen, müssen beide die Kündigung des Mietverhältnisses gegenüber dem Vermieter unterschreiben. Handelt es sich um eine ausserterminliche Kündigung, bemühen sich beide um Ersatzmieter und tragen die Kosten der Suchbemühungen gemeinsam.

7. Zieht eine Partei aus, wird über ihre Zahlungsverpflichtungen (Schäden in der Wohnung, Nebenkosten, offene Rechnungen usw.) möglichst bald definitiv abgerechnet.

(Ort, Datum)   (Unterschriften)

5 Musterbrief bei fehlerhafter Nebenkostenabrechnung

Absender Einschreiben

Adresse
des Vermieters

Ort, Datum

(Anrede)

In Ihrer Nebenkostenabrechnung vom ..... (Datum) ist
Ihnen vermutlich ein Fehler unterlaufen: Sie belasten mir unter
dem Titel «Betriebskosten» unter anderem Abwassergebühren.
In unserem Mietvertrag ist davon jedoch nicht
die Rede, sondern nur von Kehrichtgebühren. Ich bitte Sie
deshalb, mir in den nächsten Tagen eine korrigierte
Nebenkostenabrechnung sowie die Rechnungskopien der
Brennstoff- und übrigen Nebenkosten zuzustellen.

Besten Dank für Ihre Bemühungen.

Freundliche Grüsse

(Unterschrift)

6 Musterbrief wegen Mängeln in der Wohnung

Absender   Einschreiben/
                             Express

                             Adresse
                             des Vermieters

Ort, Datum

(Anrede)

Wie ich Ihnen bereits telefonisch mitgeteilt habe, tropft seit heute Morgen Wasser durch die Decke unserer Küche. Es ist anzunehmen, dass in der Wohnung der Familie S. über uns eine Wasserleitung gebrochen ist.

Da die Familie S. bis Ende Woche in den Ferien ist, ist es uns nicht möglich, selber etwas zu unternehmen. Ich bitte Sie deshalb, sich der Sache möglichst bald anzunehmen, um weiteren Schaden zu vermeiden.

Besten Dank für Ihre Bemühungen.

Freundliche Grüsse

(Unterschrift)

7 Musterbrief für eine Mietzinsherabsetzung wegen schlechterem Wohnwert

Absender   Einschreiben

                            Adresse
                            des Vermieters

Ort, Datum

(Anrede)

Wie Sie sicher wissen, ist das benachbarte Grundstück derzeit eine Grossbaustelle. Unsere Wohnqualität wird durch diesen Bau erheblich beeinträchtigt: Der Lärm beginnt jeweils morgens um 7.00 Uhr; er dauert – unterbrochen nur durch die Mittagspause – bis abends um 17.00 Uhr. Wegen des Lärms, aber auch wegen des Baustaubs können wir in dieser Zeit die Fenster nicht offen halten. Und an eine Benutzung des Balkons, der sich auf dieser Seite befindet, ist überhaupt nicht zu denken. Jetzt, im Sommer, ist das besonders bedauerlich.

Gemäss Rechtsauskunft der örtlichen Schlichtungsbehörde steht uns unter diesen Umständen das Recht zu, eine angemessene Herabsetzung des Mietzinses zu verlangen. Dürfen wir Sie deshalb höflich bitten, die Sache zu prüfen und uns einen entsprechenden Vorschlag zu unterbreiten.

Freundliche Grüsse

(Unterschrift)

8 Musterbrief an die Schlichtungsbehörde bei hinterlegtem Mietzins

Absender

Einschreiben

Adresse der
Schlichtungsbehörde

Ort, Datum

(Anrede)

Wie Sie der beiliegenden Korrespondenz mit meiner Vermieterin (Name und Adresse) entnehmen können, ist am 8. September durch ein Leck im Dach Wasser in meine Wohnung eingedrungen. Obwohl ich die Vermieterin zweimal schriftlich aufgefordert habe, hat sie weder die schadhafte Stelle im Dach noch den durch das Wasser arg in Mitleidenschaft gezogenen Parkettboden im Wohnzimmer flicken lassen.

Ich habe den Oktober-Mietzins auf das mir von Ihnen angegebene Konto hinterlegt. Darf ich Sie höflich bitten, über meine folgenden Ansprüche zu entscheiden:
– Beseitigung der oben erwähnten Mängel
– angemessene Herabsetzung des Mietzinses
– eventuell: Einräumung des Rechts, diese Schäden auf Kosten der Vermieterin selber beheben zu lassen.

Besten Dank für Ihre Bemühungen.

Freundliche Grüsse

(Unterschrift)

Beilagen erwähnt

9 Musterbrief:
Anfrage an den Vermieter wegen geplanten Umbaus

Absender

Einschreiben

Adresse
des Vermieters

Ort, Datum

(Anrede)

Sie haben uns kürzlich mitgeteilt, dass Sie beabsichtigen, unser Haus demnächst zu sanieren. Damit wir uns ein Bild von den Sanierungsarbeiten machen können, bitten wir Sie, uns folgende Fragen zu beantworten:
- Welche Arbeiten sind vorgesehen?
- Welche Teile der Wohnung und welche allgemeinen Räume sind betroffen?
- Wann sind die einzelnen Arbeiten vorgesehen, und wie lange dauern sie?
- Müssen wir mit dem Ausfall von Heizung, Wasser oder Strom rechnen?
- Welche Auswirkungen hat die Sanierung auf die Mietzinse?

Wir bitten Sie, uns den Renovationsplan zuzustellen. Sofern dieser unsere Fragen nicht beantwortet, bitten wir Sie um zusätzliche Angaben.

Wir würden auch eine gemeinsame Besprechung begrüssen. Besten Dank für Ihre Bemühungen.

Freundliche Grüsse

(Unterschrift/-en)

10 Musterbrief für die Kündigungsanfechtung und Erstreckung

Absender

Einschreiben

Adresse der
Schlichtungsbehörde

Ort, Datum

(Anrede)

Meine Vermieterin – Irene K. (Adresse) – kündigte das Mietverhältnis auf den 30. Juni 2018. Nachdem ich eine schriftliche Begründung der Kündigung verlangt hatte, teilte mir Frau K. mit, dass verschiedene Reklamationen über uns eingegangen seien. Da wir im Haus ein sehr gutes Verhältnis haben, bezweifeln wir diese Begründung.
Wir fechten die Kündigung deshalb an.
Sollten Sie die Kündigung wider Erwarten für gültig erachten, so beantrage ich Ihnen, das Mietverhältnis längstmöglich zu erstrecken.

Freundliche Grüsse

(Unterschrift)

Beilagen:
– Mietvertrag
– Kündigung
– Brief 1 Vermieterin
– Brief 2 Vermieterin

11 Musterbrief für die ordentliche Kündigung

Absender
beide Namen

Einschreiben

Adresse des Vermieters

Ort, Datum

(Anrede)

Wie wir Ihnen bereits telefonisch mitgeteilt haben, ziehen wir aus familiären Gründen um. Wir kündigen deshalb unseren Mietvertrag für die 3-Zimmer-Wohnung an der … (Adresse) sowie den Mietvertrag vom 8. Juni 2012 für den Autoabstellplatz auf Ende September 2018.

Wir möchten uns an dieser Stelle nochmals für das jederzeit angenehme Mietverhältnis bedanken.

Mit der Bitte um Kenntnisnahme und freundlichen Grüssen

(Unterschrift beider Ehegatten)

12 Musterbrief für die Kündigung eines Mitbewohners

Absender
beide Namen

Einschreiben

Adresse des
Vermieters

Ort, Datum

(Anrede)

Aus persönlichen Gründen wird Herr B. aus der gemeinsam mit Frau M. gemieteten 2-Zimmer-Wohnung an der … (Adresse) ausziehen. Frau M. möchte alleine in der Wohnung bleiben.

Frau M. ist ohne weiteres in der Lage, alleine für den gesamten Mietzins aufzukommen. Wir nehmen an, dass Sie damit einverstanden sind, das Mietverhältnis ab dem nächsten Kündigungstermin, das heisst ab 1. Oktober, mit ihr allein fortzusetzen. Wir wären Ihnen dankbar, wenn Sie uns Ihr Einverständnis kurz schriftlich bestätigen könnten.

Freundliche Grüsse

(Unterschriften)

13 Musterbrief für die ausserterminliche Kündigung

Absender   Einschreiben

                                            Adresse des
                                            Vermieters

Ort, Datum

(Anrede)

Ein Stellenwechsel zwang mich, kurzfristig eine andere Wohnung zu suchen. Da mein neuer Mietvertrag bereits am 1. August 2018 zu laufen beginnt, möchte ich auf diesen Zeitpunkt vorzeitig ausziehen.

Ich kündige deshalb unseren Mietvertrag für die 2-Zimmer-Wohnung an der ..... (Adresse) auf Ende Juli 2018. Ich bin mir bewusst, dass ich mich damit nicht an die vertragliche Kündigungsfrist halte.

Ich schlage Ihnen Herr F. und Frau S. vor, die bereit sind, meinen Mietvertrag auf den 1. August 2018 zu übernehmen. Herr F. und Frau S. sind Bekannte von mir, die ich als neue Mieter empfehlen kann. Die Personalien entnehmen sie bitte dem beiliegenden Mietinteressenten-Formular.
Ebenfalls beigelegt habe ich Ihnen die Betreibungsregister-auszüge von Herrn F. und Frau S.

Ich hoffe auf Ihr Verständnis und auf Ihren baldigen Bericht bezüglich Weitervermietung.

Freundliche Grüsse
(Unterschrift)

Beilage: Mietinteressenten-Formular

11 Musterbriefe Musterverträge

12 Nützliche Adressen, Literaturhinweise, Landesindex

Mieterverbände und ihre Beratungsstellen

Dachverband Deutschschweiz

Zentralsekretariat:
Bäckerstrasse 52
8004 Zürich
Postadresse:
Postfach, 8026 Zürich
Tel. 043 243 40 40
Fax 043 243 40 41
www.mieterverband.ch

Hotline für kurze Rechtsauskünfte:
Tel. 0900 900 800 (Fr. 4.40/Min.)
Mo 9–15 Uhr, Di–Fr 9–12.30 Uhr

Sektionen

AG
MV Kanton Aargau
Bachstrasse 2
Postfach
5600 Lenzburg 1
Tel. 062 888 10 38
Fax 062 888 10 31

AI und
AR
MV Ostschweiz
Webergasse 21
9000 St. Gallen
Tel. 071 222 50 29
Fax 071 222 50 58

BE
MV Kanton Bern
Monbijoustrasse 61
3007 Bern
Tel. 0848 844 844
Fax 031 378 21 22

BL
**MV Baselland/
Dorneck-Thierstein**
Pfluggässlein 1
4001 Basel
Tel. 061 555 56 50

BS
MV Basel
Clarastrasse 2
4058 Basel
Tel. 061 666 60 90
Telefonische Rechtsauskunft:
Tel. 061 666 69 69

FR
MV Deutschfreiburg
Postfach 41
3185 Schmitten
Tel. 0848 023 023

GL
MV Glarus
Gerbiweg 1
8867 Niederurnen
Tel. 0848 051 051

> Informieren Sie sich über die Öffnungszeiten der Mieterverbände oder der Rechtsberatungsstellen direkt bei Ihrem Mieterverband oder über die Internetseite www.mieterverband.ch.
>
> Viele nützliche Hinweise, die laufend aktualisiert werden, finden Sie unter www.mietrecht.ch.

GR
MV Graubünden
Postfach 361
7004 Chur
Tel. 081 534 05 95 und
Tel. 0848 064 064

LU
**MV Luzern/Nidwalden/
Obwalden/Uri**
Hertensteinstrasse 40
6004 Luzern
Tel. 041 220 10 22
Fax 041 220 10 21

NW/OW
siehe Luzern

SG
MV Ostschweiz
Webergasse 21
9000 St. Gallen
Tel. 071 222 50 29
Fax 071 222 50 58

SH
MV Kanton Schaffhausen
Platz 7
8201 Schaffhausen
Tel. 052 630 09 01
Fax 052 620 13 95

SO
MV Kanton Solothurn
Postsendungen an:
c/o Advokaturbüro
Wullimann & Partner
Bettlachstrasse 8
2540 Grenchen
Tel. 0848 062 032

In diesem Kapitel
122 Mieterverbände und ihre Beratungsstellen
124 Literaturhinweise
125 Landesindex der Konsumentenpreise
126 Adressen der Hauseigentümerverbände
130 Adressen der Schlichtungsbehörden

Rechtsberatung Grenchen
Bettlachstrasse 8
2540 Grenchen
Tel. 0848 062 032

Rechtsberatung Olten
Postfach 1323
4601 Olten
Tel. 0848 062 032

Rechtsberatung Solothurn
Postfach 1121
4502 Solothurn
Tel. 0848 062 032

SZ
MV Kanton Schwyz
Postfach 527
6440 Brunnen
Tel. 0848 053 053

TG
MV Ostschweiz
Webergasse 21
9000 St. Gallen
Tel. 071 222 50 29
Fax 071 222 50 58

UR
**MV Luzern/Nidwalden/
Obwalden/Uri**
Hertensteinstrasse 40
6004 Luzern
Tel. 041 220 10 22
Fax 041 220 10 21

ZG
MV Kanton Zug
Industriestrasse 22
Postfach 7721
6302 Zug
Tel. 041 710 00 88
Fax 041 710 00 89

VS
MV Wallis
Asloca
Rue de l'industrie 10
1951 Sitten
Telefonische Rechtsberatung:
Tel. 027 322 92 49

ZH
MV Zürich
Hauptsitz
Tellstrasse 31
Postfach 1817
8021 Zürich
Tel. 044 296 90 20
Fax 044 296 90 26

Geschäftsstelle Winterthur
Merkurstrasse 25
Postfach 2080
8401 Winterthur
Tel. 052 212 50 35

Dachverbände Welschland und Tessin

Asloca
Rue du Lac 12
Case postale 6150
1211 Genève 6
Tel. 022 716 18 00
www.asloca.ch

ASI
Via Stazio 2
6900 Massagno
Tel. 091 966 25 02
www.asi-infoalloggio.ch

Literaturhinweise

- **Das Mietrecht für die Praxis**
  Autorenkollektiv
  9. vollständig überarbeitete
  Auflage, November 2016,
  Schweizerischer Mieterinnen-
  und Mieterverband
  Fr. 153.–/1056 Seiten
  (Das gesamte Mietrecht umfassend erläutert. Für kundige Laien und Juristen)

- **Mietrecht.ch**
  Merkblätter und Formulare zum Herunterladen (gratis)
  z.B. Wohnungsabnahme-protokoll (Mängelliste), Bewilligung für bauliche Änderungen usw. Verträge zum Bestellen (jeweils mit Durchschlag), mit Erläuterungen:
  Mietvertrag
  (Fr. 5.– plus Porto)
  Untermietvertrag
  (Fr. 5.– plus Porto)
  Wohnungsabnahmeprotokoll
  (Fr. 6.– plus Porto)

Landesindex der Konsumentenpreise

Basis Dezember 2015 = 100

Jahr	Jan.	Feb.	März	April	Mai	Juni	Juli	Aug.	Sept.	Okt.	Nov.	Dez.
2002	95.1	95.1	95.1	95.9	96.0	95.9	95.4	95.3	95.5	96.0	95.9	95.8
2003	95.9	96.0	96.4	96.6	96.4	96.4	95.6	95.8	96.0	96.5	96.4	96.4
2004	96.0	96.1	96.3	97.1	97.3	97.5	96.5	96.8	96.8	97.7	97.8	97.7
2005	97.2	97.4	97.7	98.5	98.4	98.1	97.6	97.7	98.2	99.0	98.7	98.6
2006	98.5	98.8	98.7	99.5	99.7	99.7	99.0	99.2	98.9	99.3	99.2	99.3
2007	98.6	98.8	98.8	99.9	100.2	100.3	99.7	99.6	99.7	100.5	101.0	101.2
2008	100.9	101.1	101.4	102.2	103.0	103.2	102.8	102.5	102.6	103.1	102.5	101.9
2009	101.1	101.3	101.0	101.9	102.1	102.2	101.6	101.7	101.7	102.3	102.5	102.2
2010	102.1	102.3	102.4	103.3	103.2	102.7	102.0	102.0	101.9	102.5	102.7	102.8
2011	102.4	102.8	103.4	103.6	103.6	103.3	102.5	102.2	102.4	102.4	102.2	102.0
2012	101.6	101.9	102.5	102.5	102.5	102.2	101.7	101.7	102.0	102.1	101.8	101.6
2013	101.3	101.6	101.8	101.9	102.0	102.1	101.7	101.7	102.0	101.9	101.9	101.7
2014	101.4	101.5	101.8	101.9	102.2	102.1	101.8	101.7	101.9	101.9	101.8	101.3
2015	100.9	100.6	101.0	100.8	101.0	101.1	100.5	100.3	100.4	100.5	100.4	100.0
2016	99.6	99.8	100.1	100.4	100.6	100.7	100.3	100.2	100.2	100.3	100.1	100.0
2017	100.0	100.4	100.7	100.9	101.0	100.9	100.6	100.6	100.9	100.9	100.9	100.8
2018	100.7	101.1	101.5									

Basis Dezember 2010 = 100

Jahr	Jan.	Feb.	März	April	Mai	Juni	Juli	Aug.	Sept.	Okt.	Nov.	Dez.
2002	92.5	92.5	92.5	93.3	93.4	93.3	92.8	92.8	92.9	93.5	93.3	93.2
2003	93.3	93.4	93.8	94.0	93.8	93.8	93.0	93.3	93.4	93.9	93.8	93.8
2004	93.5	93.5	93.7	94.5	94.7	94.8	93.9	94.2	94.2	95.1	95.2	95.0
2005	94.6	94.8	95.0	95.8	95.7	95.5	95.0	95.1	95.5	96.4	96.1	96.0
2006	95.8	96.1	96.0	96.8	97.0	97.0	96.3	96.5	96.3	96.6	96.6	96.6
2007	95.9	96.1	96.2	97.3	97.5	97.6	97.0	96.9	97.0	97.8	98.3	98.5
2008	98.2	98.4	98.7	99.5	100.3	100.4	100.0	99.7	99.8	100.4	99.7	99.2
2009	98.4	98.6	98.3	99.1	99.3	99.5	98.8	98.9	98.9	99.5	99.7	99.5
2010	99.4	99.5	99.7	100.5	100.4	100.0	99.2	99.2	99.2	99.7	100.0	100.0
2011	99.6	100.0	100.7	100.8	100.8	100.5	99.7	99.4	99.7	99.6	99.4	99.3
2012	98.9	99.1	99.7	99.8	99.8	99.5	99.0	99.0	99.3	99.4	99.1	98.9
2013	98.6	98.9	99.1	99.1	99.2	99.3	99.0	98.9	99.2	99.1	99.1	98.9
2014	98.6	98.7	99.1	99.2	99.5	99.4	99.0	99.0	99.1	99.1	99.1	98.6
2015	98.2	97.9	98.2	98.1	98.3	98.4	97.8	97.6	97.7	97.8	97.7	97.3
2016	96.9	97.1	97.4	97.7	97.9	98.0	97.6	97.5	97.5	97.6	97.4	97.3
2017	97.3	97.7	97.9	98.1	98.3	98.2	97.9	97.9	98.2	98.2	98.1	98.1
2018	98.0	98.3	98.7									

Index-Umrechnungsformel

So berechnen Sie die prozentuale Teuerung (Basis spielt keine Rolle):
Differenz zwischen alter Indexzahl und neuer Indexzahl geteilt durch alte Indexzahl mal 100. Von diesem Teuerungswert dürfen höchstens 40 Prozent auf die Miete überwälzt werden. (Die neusten Zahlen finden Sie im Internet unter www.mietrecht.ch.)

Hauseigentümerverbände

Dachverband

Hauseigentümerverband Schweiz
Seefeldstrasse 60
Postfach
8032 Zürich
Tel. 044 254 90 20
Fax 044 254 90 21
www.hev-schweiz.ch

Kantonalverbände

AG
HEV Aargau
Stadtturmstrasse 19
5401 Baden
Tel. 056 200 50 50
Fax 056 222 90 18
www.hev-aargau.ch

HEV Aarau und Kulm
Bahnhofstrasse 10
5001 Aarau
Tel. 062 822 06 14
www.hev-aarau-kulm.ch

AI
HEV Appenzell Innerrhoden
c/o Altrimo AG
Weissbadstrasse 1
9050 Appenzell
Tel. 071 788 02 02
(Geschäftszeiten)
www.hev-ai.ch

AR
HEV Appenzell Ausserrhoden
Poststrasse 7
9100 Herisau
Tel. 071 351 71 54
Fax 071 352 43 51
www.hev-ar.ch

BE
HEV Bern
Schwarztorstrasse 31
Postfach 338
3000 Bern 14
Tel. 031 388 58 50
Fax 031 388 58 59
www.hev-bern.ch

BL
HEV Baselland
Altmarktstrasse 96
4410 Liestal
Tel. 061 927 64 17
Fax 061 927 65 50
www.hev-bl.ch

BS
HEV Basel-Stadt
Aeschenvorstadt 71
4010 Basel
Tel. 061 205 16 16
Fax 061 205 16 17
www.hev-bs.ch

FR
APF-HEV Fribourg
Av. de Beauregard 30
Case postale 88
1701 Fribourg
Tel. 026 347 11 40
Fax 026 347 11 45
www.apf-hev-fr.ch

GL
HEV Glarnerland
c/o Stauffacher Treuhand AG
Burgstrasse 28
Postfach 736
8750 Glarus
Tel. 055 645 20 85
Fax 055 645 20 00
www.hev-gl.ch

GR
HEV Graubünden
Bahnhofplatz 2
7302 Landquart
Tel. 081 250 50 33
Fax 081 250 50 37
www.hevgr.ch

LU
HEV Luzern
Hallwilerweg 5
Postfach
6002 Luzern
Tel. 0900 99 33 00
(15 Min. gratis, anschliessend
Fr. 2.16/Min.)
Fax 041 210 24 66
www.hev-luzern.ch

NW
HEV Nidwalden
Aemättlihof 105
6370 Stans
Tel. 041 619 77 46
Fax 041 619 77 45
www.hev-nw.ch

OW
HEV Obwalden
Marktstrasse 10
6060 Sarnen
Tel. 041 660 00 88
Fax 041 660 00 58
www. hev-ow.ch

SG
HEV Stadt St. Gallen
Poststrasse 10
Postfach 847
9001 St. Gallen
Tel. 071 227 42 42
Fax 071 227 42 49
www.hev-stgallen.ch

SH
HEV Schaffhausen
Herrenacker 15
Postfach 817
8201 Schaffhausen
Tel. 052 632 40 40
Fax 052 632 40 41
www.hev-sh.ch

SZ
HEV Kanton Schwyz (5 Regionen)
www.hev-sz.ch

HEV March und Höfe
Pfäffikonerstrasse 8
8834 Schindellegi
Tel. 044 787 59 12

HEV Schwyz und Umgebung
Herrengasse 7
6431 Schwyz
Tel. 041 811 56 77

HEV Region Einsiedeln
Kornhausstrasse 25
8840 Einsiedeln
Tel. 055 418 38 58

HEV Region Arth-Goldau
Brüölring 3c
6415 Arth
Tel. 041 855 59 76

HEV Bezirk Küssnacht
Bahnhofstrasse 8
Postfach 220
6403 Küssnacht
Tel. 041 850 54 64

SO
HEV Kanton Solothurn
Markus Spielmann
Baslerstrasse 44
4603 Olten
Tel. 062 205 44 08
Fax 062 205 44 01
www.hev-so.ch

TG
HEV Kanton Thurgau
Rheinstrasse 8
8280 Kreuzlingen 1
Tel. 071 411 42 11
Fax 071 411 42 26
www.hev-tg.ch

UR
HEV Uri
Hagenstrasse 23
Postfach 501
6460 Altdorf
Tel. 041 870 08 58
www.hev-uri.ch

VS
HEV Oberwallis
Balfrinstrasse 5
Postfach 381
3930 Visp
Tel. 027 946 01 50
Fax 027 946 32 45
www.hev-oberwallis.ch

ZG
HEV Zugerland
Dorfstrasse 16
Postfach 1114
6341 Baar
Tel. 041 710 65 20
Fax 041 767 46 80
www.hev-zug.ch

ZH
HEV Kanton Zürich
Albisstrasse 28
8038 Zürich
Tel. 044 487 17 00
www.hev-zuerich.ch

Weitere Verbände

GE
Chambre genevoise immobilière
Rue de la Rôtisserie 4
Case postale 3344
1211 Genève 3
Tel. 022 715 02 00
Fax 022 715 02 22
www.cgionline.ch

JU
Association jurassienne des propriétaires fonciers
Rue de l'Avenir 23
Case postale 274
2800 Delémont
Tel. 032 421 45 45
Fax 032 421 45 40
www.ajpf.ch/fr/contact.html

NE
Chambre immobilière neuchâteloise
Faubourg du Lac 2
Case postale 2111
2001 Neuchâtel
Tel. 032 729 99 90
Fax 032 729 99 91
www.cininfo.ch

VD
Chambre vaudoise immobilière
Rue du Midi 15
Case postale 5607
1002 Lausanne
Tel. 021 341 41 41
www.cvi.ch

VS
Chambre immobilière du Valais
Rue du Grand-St-Bernard 35
1920 Martigny
Tel. 027 722 99 39
Fax 027 723 22 26
www.cvi.ch

Adressen der Schlichtungsbehörden

AG

Bezirk Aarau
Schlichtungsbehörde
für Miete und Pacht
Kasinostrasse 5
Postfach
5001 Aarau
Tel. 062 836 56 56
Fax 062 836 56 88

Bezirk Baden
Schlichtungsbehörde
für Miete und Pacht
Rütistrasse 3
5400 Baden
Tel. 056 200 12 30
Fax 056 202 35 00

Bezirk Bremgarten
Schlichtungsbehörde
für Miete und Pacht
Rathausplatz 1
Postfach
5620 Bremgarten
Tel. 056 648 75 51
Fax 056 648 75 50

Bezirk Brugg
Schlichtungsbehörde
für Miete und Pacht
Untere Hofstatt 4
5200 Brugg
Tel. 056 462 30 70
Fax 056 462 30 58

Bezirk Kulm
Schlichtungsbehörde
für Miete und Pacht
Zentrumsplatz 3
Postfach
5726 Unterkulm
Tel. 062 768 55 55
Fax 062 768 55 56

Bezirk Laufenburg
Schlichtungsbehörde
für Miete und Pacht
Gerichtsgasse 85
5080 Laufenburg
Tel. 062 869 70 20
Fax 062 869 70 21

Bezirk Lenzburg
Schlichtungsbehörde
für Miete und Pacht
Metzgplatz 18
Postfach
5600 Lenzburg
Tel. 062 886 01 50
Fax 062 886 01 51

Bezirk Muri
Schlichtungsbehörde
für Miete und Pacht
Seetalstrasse 8
Postfach 55
5630 Muri
Tel. 056 675 85 55
Fax 056 675 85 51

Bezirk Rheinfelden
Schlichtungsbehörde
für Miete und Pacht
Hermann-Keller-Strasse 6
4310 Rheinfelden
Tel. 061 836 83 36
Fax 061 836 83 39

Bezirk Zofingen
Schlichtungsbehörde
für Miete und Pacht
Bahnhofplatz
Untere Grabenstrasse 30
4800 Zofingen
Tel. 062 745 12 33
Fax 062 745 12 60

Bezirk Zurzach
Schlichtungsbehörde
für Miete und Pacht
Hauptstrasse 50
5330 Bad Zurzach
Tel. 056 269 73 01
Fax 056 269 73 30

AI
Schlichtungsstelle
für Mietverhältnisse
c/o Ratskanzlei
Marktgasse 2
9050 Appenzell
Tel. 071 788 93 22

AR
Schlichtungsstelle für Miete und
nichtlandwirtschaftliche Pacht
Landsgemeindeplatz 7c
9043 Trogen
Tel. 071 343 63 54

BL
Schlichtungsstelle
für Mietangelegenheiten
Bahnhofstrasse 3
4410 Liestal
Tel. 061 552 66 56

BS
Staatliche Schlichtungsstelle
für Mietstreitigkeiten
Utengasse 36
Postfach
4005 Basel
Tel. 061 267 85 21
Fax 061 267 60 08

BE
Schlichtungsbehörde
Berner Jura-Seeland
Neuengasse 8
2501 Biel
Tel. 031 636 39 50
Fax 031 634 50 70

Aussenstelle Berner Jura
Rue Centrale 33
2740 Moutier
Tel. 031 635 39 39
Fax 031 634 50 71

Schlichtungsbehörde
Emmental-Oberaargau
Dunantstrasse 3
3400 Burgdorf
Tel. 031 635 51 51
Fax 031 634 50 73

**Schlichtungsbehörde
Bern-Mittelland**
Effingerstrasse 34
3008 Bern
Tel. 031 635 47 50
Fax 031 635 47 51

Schlichtungsbehörde Oberland
Scheibenstrasse 11 B
3600 Thun
Tel. 031 635 58 00
Fax 031 634 50 74

FR
**Schlichtungskommission
für den Saanebezirk**
Grand-Rue 27
1701 Freiburg
Tel. 026 305 45 75
Fax 026 305 45 74

**Schlichtungskommission
für den Sense- und Seebezirk**
Postfach 96
1712 Tafers
Tel. 026 305 45 77
Fax 026 305 45 78

**Schlichtungskommission
für die südlichen Bezirke**
Postfach 475
1630 Bulle 1
Tel. 026 305 45 76
Fax 026 305 45 79

GL
**Schlichtungsbehörde
für Mietverhältnisse Glarus**
c/o Departement Volkswirtschaft
und Inneres
Zwinglistrasse 6
8750 Glarus
Tel. 055 646 66 00

GR
Bezirk Albula
Schlichtungsbehörde Mietsachen
Albula
Stradung 26
7450 Tiefencastel
Tel. 081 637 05 43

Region Bernina
Schlichtungsbehörde
Mietsachen
Via dalla Pesa 234
7742 Poschiavo
Tel. 081 257 59 28

**Region Engiadina Bassa/
Val Müstair**
Schlichtungsbehörde
für Mietsachen
Porta 27
7550 Scuol
Tel. 081 862 24 67

Region Imboden
Schlichtungsbehörde
Mietsachen Imboden
Riel 2
7013 Domat/Ems
Tel. 081 633 28 01

Region Landquart
Schlichtungsbehörde
Mietsachen
Bahnhofplatz 2
7302 Landquart
Tel. 081 257 59 50

Region Maloja
Schlichtungsbehörde
Mietsachen
Via Maistra 7
Postfach 83
7500 St. Moritz
Tel. 081 833 19 15

Region Moesa
Schlichtungsbehörde
Mietsachen
Centro regionale dei servizi
6535 Roveredo
Tel. 091 827 17 12

Region Plessur
Schlichtungsbehörde
Mietsachen
Bärenloch 1
Postfach 614
7001 Chur
Tel. 081 250 58 82

Region Prättigau/Davos
Schlichtungsbehörde
Mietsachen
Prättigau/Davos
Talstrasse 10a
7250 Klosters
Tel. 081 257 01 81

Region Surselva
Schlichtungsbehörde
Mietsachen
Postfach 109
7188 Sedrun
Tel. 081 949 11 77

Region Viamala
Schlichtungsbehörde
Mietsachen
Viamala
Rathaus
Untere Gasse 1
7430 Thusis
Tel. 081 650 07 39

LU
Schlichtungsbehörde
Miete und Pacht
Bahnhofstrasse 22
6002 Luzern
Tel. 041 228 65 18
Fax 041 228 66 86

NW
Schlichtungsbehörde
Rathausplatz 9
Postfach 1244
6371 Stans
Tel. 041 618 79 80
Fax 041 618 79 85

OW
Kantonale Schlichtungsbehörde
Polizeigebäude Foribach
Postfach 1561
6061 Sarnen
Tel. 041 666 61 77

SH
Kantonale Schlichtungsbehörde für Mietsachen
Herrenacker 26
Postfach 568
8201 Schaffhausen
Tel. 052 632 75 18
Fax 052 632 78 29

SZ
Bezirk Einsiedeln
Schlichtungsstelle für Mietsachen
Rathaus
Postfach 161
8840 Einsiedeln
Tel. 055 418 41 23
Fax 055 418 41 42

Bezirk Gersau
Schlichtungsbehörde
im Mietwesen
Bachstrasse 12a
6442 Gersau
Tel. 041 828 16 10

Bezirk Höfe
Schlichtungsstelle für Mietsachen
Postfach 43
8808 Pfäffikon
Tel. 055 534 42 18

Bezirk Küssnacht
Schlichtungsstelle im Mietwesen
Rathaus
6403 Küssnacht
Tel. 041 852 15 25
Fax 041 852 15 27

Bezirk March
Schlichtungsstelle in Mietsachen
Postfach 531
8853 Lachen
Tel. 055 451 22 56

Bezirk Schwyz
Schlichtungsstelle für Mietsachen
Postfach 547
6431 Schwyz
Tel. 041 810 10 75

SO
Dorneck-Thierstein
Schlichtungsbehörde
für Miete und Pacht
Amthaus
4226 Breitenbach
Tel. 061 785 77 20
Fax 061 785 77 59

Olten-Gösgen
Schlichtungsbehörde
für Miete und Pacht
Amthausquai 23
4601 Olten
Tel. 062 311 86 44
Fax 062 311 86 60

Solothurn-Lebern
Schlichtungsbehörde
für Miete und Pacht
Rötistrasse 4
4501 Solothurn
Tel. 032 627 75 27
Fax 032 627 76 26

Thal-Gäu
Schlichtungsbehörde
für Miete und Pacht
Wengimattstrasse 2
4710 Balsthal
Tel. 062 311 91 61
Fax 062 311 91 60

SG

Rheintal
Schlichtungsstelle für Miet- und Pachtverhältnisse
Rathaus
9450 Altstätten
Tel. 071 757 77 90

Rorschach
Schlichtungsstelle für Miet- und Pachtverhältnisse
Rathaus
9401 Rorschach
Tel. 071 844 21 47

See-Gaster
Schlichtungsstelle für Miet- und Pachtverhältnisse
St. Gallerstrasse 40
8645 Jona
Tel. 055 225 70 35
Fax 055 225 70 36

St. Gallen
Schlichtungsstelle für Miet- und Pachtverhältnisse
Wohnungsamt/Rathaus
9001 St. Gallen
Tel. 071 224 56 28

Toggenburg
Schlichtungsstelle für Miet- und Pachtverhältnisse
Grüenaustrasse 7
9630 Wattwil
Tel. 071 987 55 39
Fax 071 988 61 82

Werdenberg-Sarganserland
Schlichtungsstelle für Miet- und Pachtverhältnisse
St. Gallerstrasse 2
9470 Buchs
Tel. 081 755 75 77

Wil
Schlichtungsstelle für Miet- und Pachtverhältnisse
Gerichtskreis Wil
Marktgasse 58
9500 Wil
Tel. 071 913 52 08

TG

Fast jede Gemeinde hat ihre eigene Schlichtungsstelle in Mietsachen. Adressen finden Sie unter erechtsverkehr.tg.ch/schlichtungsbehoerden-in-mietsachen.html/7980

UR

Schlichtungsbehörde
Bahnhofstrasse 43
6460 Altdorf
Tel. 041 875 22 90

VS

Kantonale Schlichtungskommission für Mietverhältnisse
Av. du Midi 7
Postfach 478
1951 Sitten
Tel. 027 606 73 09 (Unterwallis)
Tel. 027 606 73 16 (Oberwallis)

ZG
Schlichtungsbehörde
Miet- und Pachtrecht
Postfach 857
6301 Zug
Tel. 041 728 37 30
Fax 041 728 37 19

ZH
Bezirk Affoltern
Schlichtungsbehörde
für Mietsachen
Bezirksgericht
Im Grund 15
8910 Affoltern a. A.
Tel. 044 763 17 00
Fax 044 763 17 01

Bezirk Andelfingen
Schlichtungsbehörde
in Miet- und Pachtsachen
Thurtalstrasse 1
Postfach 210
8450 Andelfingen
Tel. 052 304 20 10
Fax 052 304 20 39

Bezirk Bülach
Paritätische Schlichtungsbehörde
in Miet- und Pachtsachen
Spitalstrasse 13
8180 Bülach
Tel. 044 863 44 33
Fax 044 863 44 00

Bezirk Dielsdorf
Schlichtungsbehörde
in Miet- und Pachtsachen
Spitalstrasse 7
8157 Dielsdorf
Tel. 044 854 88 11

Bezirk Dietikon
Schlichtungsbehörde
für Mietsachen
Bahnhofplatz 10
8953 Dietikon
Tel. 044 256 12 12
Fax 044 256 12 13

Bezirk Hinwil
Schlichtungsbehörde
für Mietsachen
Gerichtshausstrasse 12
Postfach
8340 Hinwil
Tel. 044 938 81 11

Bezirk Horgen
Schlichtungsbehörde
in Mietsachen
Burghaldenstrasse 3
8810 Horgen
Tel. 044 728 52 22
Fax 044 728 52 66

Bezirk Meilen
Schlichtungsbehörde
in Mietsachen
Postfach 881
8706 Meilen
Tel. 044 924 21 21
Fax 044 924 21 22

Bezirk Pfäffikon
Schlichtungsbehörde
in Miet- und Pachtsachen
Hörnlistrasse 55
8330 Pfäffikon
Tel. 044 952 46 46

Bezirk Uster
Schlichtungsbehörde
für Mietsachen
Gerichtsstrasse 17
8610 Uster
Tel. 043 366 33 00
Fax 043 366 33 11

Bezirk Winterthur
Schlichtungsbehörde
für Mietsachen
Lindstrasse 10
8400 Winterthur
Tel. 052 234 83 83
Fax 052 234 83 84

Bezirk Zürich
Schlichtungsbehörde
für Mietsachen
Wengistrasse 30
Postfach
8026 Zürich
Tel. 044 248 22 73